吳作橋、王 羽 著

120個
魯 迅
身世之謎

前　言

所謂「魯迅世界」，顧名思義，是指魯迅與他的家人、親友、老師、同學、學生、熟人、生人，論敵乃至生死對頭所構成的人生或社會，所以，「魯迅世界之謎」，就不只是魯迅之謎，而是魯迅與他的周邊人物的一些謎案。

叫做「謎案」是指沒有確切答案的懸疑之事。本書從開始動筆至今，已好幾個年頭了，隨著一些研究成果的披露，原來寫的謎案，現在已經不是謎了，如本書原有的一篇《魯迅的大姨叫什麼名字？》現在知道了，她叫魯琪，魯迅世界的「魯氏三姐妹」之一，另二人是魯迅的的二姨魯蓮、魯迅的母親魯瑞，所以這一篇撤下了，也有可能，本書中所寫的謎案，隨著時間的推移，有的將破解；但有的謎案，永遠不會破解，那就成了魯迅世界的永恆之謎了。

魯迅世界之謎有多少？本書收短文 120 篇。而每一篇有的不只一個謎，這就是說，魯迅世界之謎或可至 200 餘，而 2005 年版《魯迅全集》的人物類注釋，就有 229 人，其注文只有二個字：未詳。這就又增加了 229 謎案了，魯迅世界之謎，當有 500 個左右了吧。上述 229 個謎，筆者未寫，無任何材料可動筆。

由於筆者接觸材料有限，有的謎案可能早已不是謎，可筆者不知，將其視為謎而寫入書中，也有可能，有的謎案有遺漏，所以，敬請方家與讀者如發現上述情形，希告知作者，以便日後訂正。

吴作橋　王羽

2012 年底於長春楓林園

目 次

一、魯迅家族世系第十三至十八世承襲人叫什麼名字？

魯迅家族始祖，據說可上溯至軒轅帝。軒轅帝的後人姓姬，封邑在周地，這就是周朝的來歷，周朝皇族有一支以朝名為姓。周平王東遷，這一支有一人叫周烈的，他便是魯迅家族、周恩來家族最早的始祖，宋朝著名文學家、《愛蓮說》的作者周敦頤便是周烈的直系嫡傳。這裡，我們據吳長華先生的《魯迅、周恩來世系表》和王錫榮先生的《魯迅、周恩來家族世系表》將以周敦頤為一世的魯迅家族的世系傳承一覽如下：

周敦頤（一世）——周燾（二世）——周絪（三世）——周靖（四世）——周亥（五世）——周瑾（六世）——周恪（七世）——周文鬱（八世）——周茂林（九世）——周澳（十世）——周德（十一世）——周希賢（十二世）……周逸齋（十九世）——周南洲（二十世）——周子信（二十一世）——周懷（二十二世）——周繩祖（二十三世）——周煌（二十四世）——周紹鵬（二十五世）——周渭（二十六世）——周宗翰（二十七世）——周珄（二十八世）——周以埏（二十九世）——周福清（三十世）——周鳳儀（三十一世）——周樟壽（魯迅，三十二世）。

從這一傳承，我們可以說魯迅是周敦頤的第三十世孫。現在魯迅家族世系多以周逸齋為一世，這樣魯迅便是十四世了，他是周逸齋的十二世孫了。

這個傳承世系是吳長華，王錫榮、裘士雄據《越城周氏支譜》、《紹興縣誌資料》、《周氏家譜》、《錫山周氏大統宗譜》、《天樂國氏家譜》、《濂溪周氏家譜》等整理出來的，但是我們可以發現，魯迅家族第十三世至第十八世為空缺，就是說，目前我們尚不知道魯迅家族這六代空缺的直系傳承人叫什麼名字。這是一個迷案，不過大約這一迷案有可能將來會給出答案來的。

周敦頤畫像

二、立房始祖周永年下落如何？

魯迅家世最遠可上推至北宋著名文學家周敦頤（1017-1073），就是著名散文《愛蓮說》的作者，他當是魯迅家族世系中的第一世。因為大世系傳至第十九世周逸齋始遷紹興，這位周逸齋便是魯迅家族小世系的始祖，即小世系的第一世。人們稱魯迅為第十四世，是據小世系排下來的，按大世系魯迅則屬於第三十二世了。

魯迅家族小世系傳至八世周謂（周熊占），他的三個兒子開始有了房名，這就是致、中、和三房。長子周宗翰一支為致房，次子周繡玠為中房，三子周薌圃為和房。致房下第十世又分智、仁、勇三房。周瑞璋為智房始祖，周筠軒為仁房始祖，周奕蕃為勇房始祖，智房下又分興、立、誠三房，魯迅的曾祖父周以埏（苓年）便是興房的始祖。周以埏之下未再訂立房名，全屬興房。周以埏有四個弟弟。二弟周永年為立房始祖，三弟周以堯（松雲）為誠房始祖，四弟周以坶過繼給和房為周寶崖之子。另一弟可能為早夭。和房下未訂立房名。上面說的周永年便是魯迅的二太爺。

周永年，「永年」是他的字。他的名字當也犯「以」字，但叫「以」什麼，卻是查不到了，連周作人都把他的字也忘了。

這位周永年是小說《白光》中主人公陳士成原型周子京的父親（見圖表）周作人在他的《魯迅的故家》中提到周永年，他說：「十二老太爺（即周永年，因他在十一世大排行中排十二，故稱——引者注）即是子京的父親，在太平天國時失蹤；據說他化裝逃難，捉住後詭稱是苦力，被派挑擔，以後便不見回來，因此歸入殉難的一類中，經清朝賞給雲騎尉，世襲罔替。」可見周永年後來是失蹤了。怎麼失蹤的，如是被害，又是怎樣和在何時被害的，這都是一連串謎案。周作人說：「十二老太各死難當在咸豐辛酉（一八六一）年。」一個「當」字表明這句話只是一個推測。周永年何時死的，怎麼死的，或許他其實未死，以後逃到別處而死也說不定，對此事，周作人說不清楚，以後的人也就更說不清楚了。

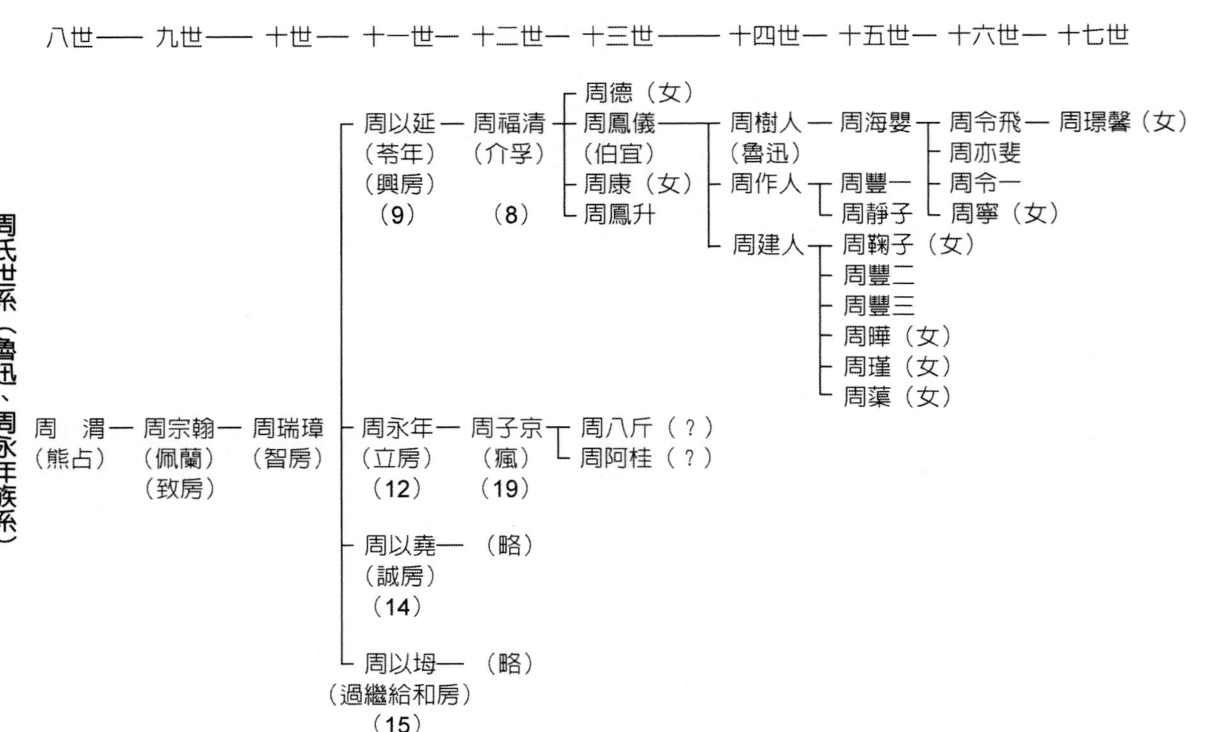

周氏世系（魯迅、周永年族系）

三、高文錦的母親為何不願進周家門，母子二人離開周家後下落景況如何？

我們得先從和房談起。

周家世系，從八世祖周謂（熊占）的三個兒子開始，有了各自的房名，這就是致房、中房、和房。和房的始祖是周薌圃（九世），他只有一個兒子叫周寶崖（十世），周寶崖無子，至此絕嗣。周家有族規，即小房絕，長房續。周寶崖便從智興房過繼了周以埆為周寶崖之子。這周以埆是魯迅曾祖周以埏（苓年）的幼弟，他排行十五，過繼和房後，人稱「十五老太爺」。周以埆有子周星曹（琴友，人稱「鹹老爺」，綽號「海沙」），另有四個女兒即周菱姑、周裕、周順、周月。

十五老太爺家中有一個乳母，她把十五老太爺的兒女奶大後，仍留在和房做女傭，紹興話稱女傭為「媽媽」，這位乳母兼女傭人皆稱「新來媽媽」。新來媽媽在周以埆身邊二十多年，二人發生性關係，於是生下兒子，取名高文錦。這高文錦是周以埆的私生子。周冠五（觀魚）在他的《社會環境和人物》一文中說，有些證據可證明高文錦是周以埆的私生子：「文錦的音、容、言、笑、動作、姿態和十五太爺長女菱姑太太完全吻合。周氏十二世總共廿八人，房族中都以排行作稱呼，文錦乳名二九（他的企盼確比芹侯公小幾年）似有深意。申屠泉住過的那所房屋，十五太爺在未死前即親立筆據分授給文錦。十五太爺死後，文錦也照樣帶壽穿素。在這種種方面看起來，說是十五太爺的私生子實不為無因」。周建人在《魯迅故家的敗落》（周建人口述，周曄編寫）一書中說得更其明白，他直稱高文錦是他十五曾叔祖的「老來子」。這就十分明顯，高文錦別看姓高，但他是周家人，而且是智興房血統，他是魯迅最近的親叔祖，應稱二十九叔祖，高文錦的母親，就是那個乳母兼女傭的新來媽媽，應是魯迅最近的十五曾叔奶的。

這位高文錦，周家人對他的印象十分好。周慶蕃（椒生，魯迅的十八叔祖）說：「真可惜，如果高文錦在和房，和房非但不會衰敗，說不定還會發達。」周建人說：「這高文錦人很聰明，讀書過目不忘，文章寫的好，還會畫畫刻圖章，因為不姓周，沒有人寵他，絲毫沒有名門子弟的頹廢氣質，而是生氣勃勃，精明能幹，明白事理，通達人情。所以老一輩都說十五曾叔祖這個老來子是不錯的。」周冠五（觀魚）也說：「文錦很有才幹，文化程度亦高，常向各報社以『不危』的筆名編投小品文字。他的職業是由十五太爺薦給二女婿在諸善弄內善興當內做朝俸。」高文錦是魯迅世家中，除魯迅外，唯一向報社投寄小品文字的作家。

但是，迄今為止，我們不知道高文錦的母親叫什麼名字，不知道她的生卒年，也不知道高文錦何以姓高，難道是隨母姓？更不知道母子二人後來因何搬出周家老臺門，新來媽媽為什麼不願姓周家的姓，不願再進周家的門？母子二人離開老臺門後，景況與命運如何？這些謎案現在無一人能給出謎底，實在令人惋惜。

周家世系（魯迅、高文錦族系）

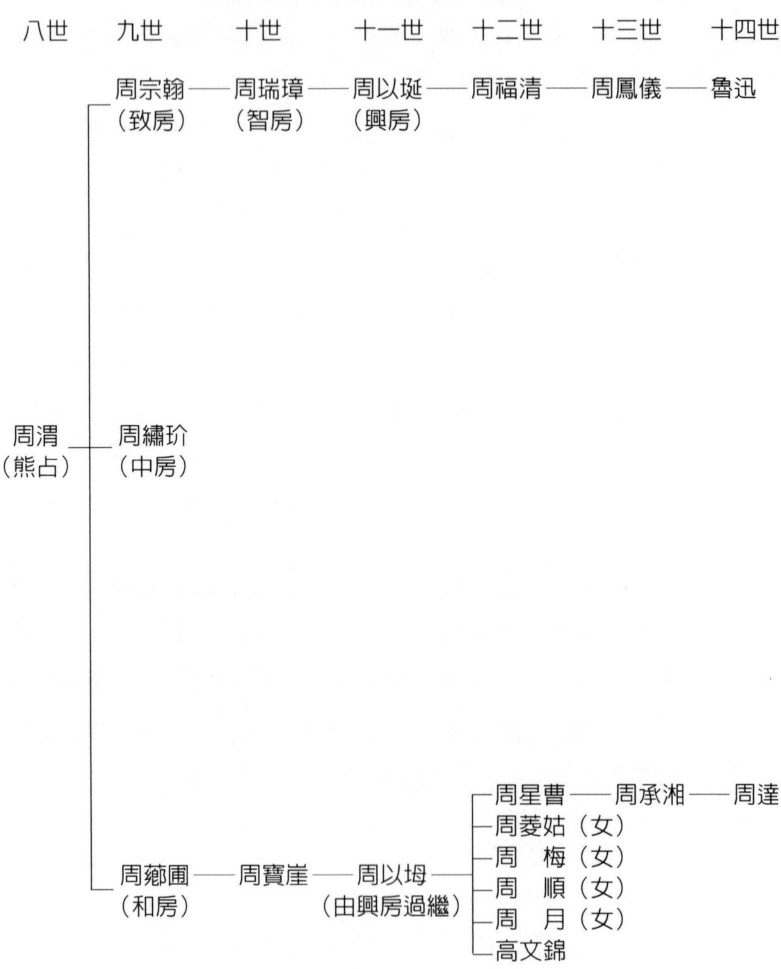

四、周瓛臣死於何病？

周瓛臣是魯迅世家中仁房裡義房的一支。屬十二世，是魯迅的叔祖。義房與魯迅所屬的興房同是致房的分支，所以兩房關係較近。(見圖表)。

周冠五（觀魚）在他的《三臺門的遺聞佚事》中提起這位周瓛臣。周冠五是周藕琴的兒子，周藕琴與周瓛臣是同胞兄弟。周瓛臣無後，所以周藕琴將周冠五過繼給周瓛臣。周冠五在此文中稱周瓛臣是他的「兼祧父」，就是這個意思。

周冠五說：「瓛臣公，是我的的兼祧父，年十四隨太平軍去，直至太平天國失敗，嗒然而返，沉默寡言，嘗終日獨居樓上，為之完娶，而沉默仍如故，漸即神經失常，忽而哭，忽然笑，一日忽聞在樓上大叫一聲而死，元配唐夫人性賢淑死在他以前，所以他只一人居樓上，族眾只聞其大聲慘叫，而無由知其死因。」

這也是魯迅世界一個謎案。周瓛臣大約是參加了太平軍。太平軍失敗後他回歸故里，得了精神病。魯迅世家中，他是我們知道的第二個得了精神病的人。另一個是周子京，是《白光》中陳士成的原型。周瓛臣是死於精神病，還是死於其他病症，例如心梗、腦溢血，其死因至今仍是一個謎。因年代久遠，現已無法查考。

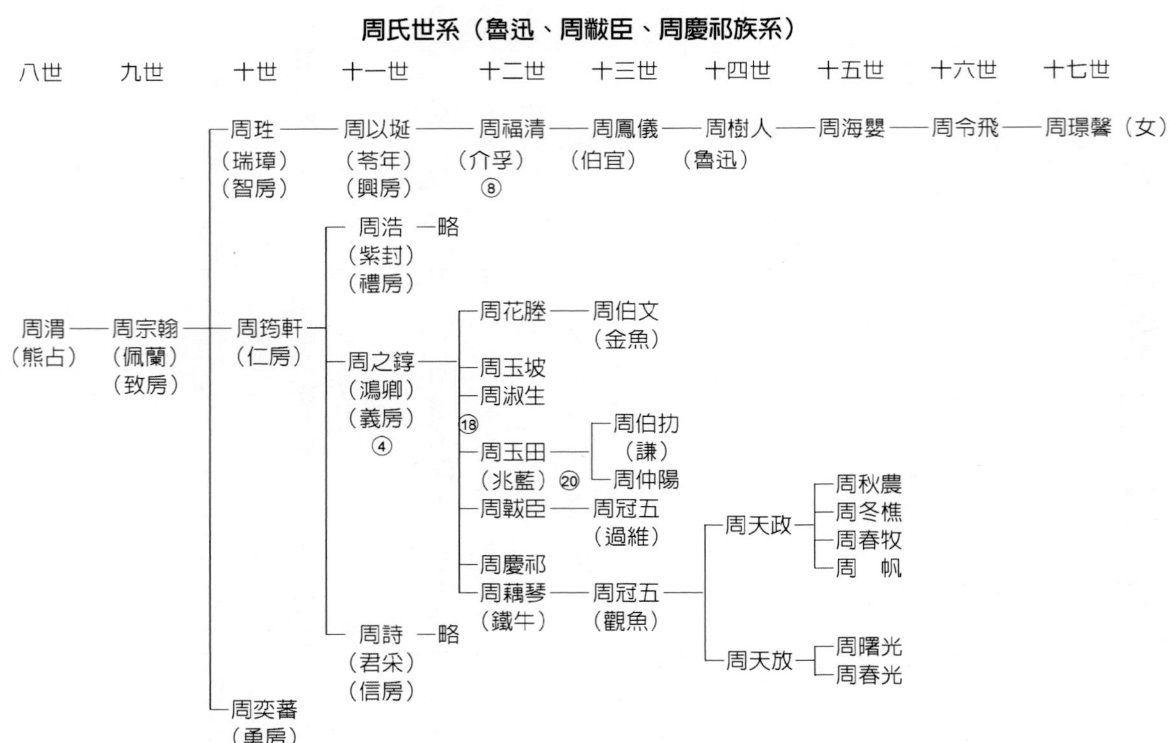
周氏世系（魯迅、周黻臣、周慶祁族系）
八世 九世 十世 十一世 十二世 十三世 十四世 十五世 十六世 十七世
周渭（熊占）
周宗翰（佩蘭）（致房）
周珏（瑞璋）（智房）
周以埏（苓年）（興房）
周福清（介孚）⑧
周鳳儀（伯宜）
周樹人（魯迅）
周海嬰
周令飛
周璟馨（女）
周笏軒（仁房）
周浩（紫封）（禮房）—略
周之錞（鴻卿）（義房）④
周花塍
周伯文（金魚）
周玉坡
周淑生
⑱
周玉田（兆藍）⑳
周伯扐（謙）
周仲陽
周黻臣
周冠五（過維）
周慶祁
周藕琴（鐵牛）
周冠五（觀魚）
周天政
周秋農
周冬樵
周春牧
周　帆
周天放
周曙光
周春光
周詩（君采）（信房）—略
周奕蕃（勇房）

五、周慶祁下落如何？

周慶祁與周冠五的父親周藕琴和周冠五的兼祧父周瀫臣都是同胞弟兄。均屬致房中仁房下義房的一系（見前文圖表），太平軍佔領紹興時，他與周瀫臣一起隨太平軍而去，自然是參加了太平軍了。太平天國失敗後，周瀫臣返回故里，得瘋病而死，而周慶祁沒有同他的七哥周瀫臣一起回來。周冠五在《三臺門的遺聞佚事》一文中說：「慶祁公，與瀫臣公同時隨太平軍去不知所終。」

這「不知所終」就是周慶祁走失無一點消息。究竟是死在沙場，還是受傷被清軍所俘被斬，還是逃出去了別的什麼地方，從此隱姓埋名，了其一生，這些誰都是一點兒也不知道，這個謎案，恐怕是永遠也破解不開了。

六、二十八老爺的後人都哪裡去了？

二十八老爺名叫周錫璋（芹侯），是周家十二世傳人，屬中房中的裕房，也是裕房的第三代傳人，因為在周家十二世大排行中他最小，排行二十八，人們一般稱他為二十八老爺。（見圖表）他也是魯迅的叔祖，魯迅稱他為二十八叔祖。他與和房十一世周以坶較為親善，常去周以坶家為其熬制鴉片，此叔侄二人可謂心有同好，口有同嗜，十分投合的了。他不願意理髮，頭髮很長，這一點魯迅又與其十分相似。

因為二十八老爺常去十五老太爺（周以坶）家，周以坶身邊有兩個頗具姿色的丫頭，二十八老爺好像相中了，一來二去，他與這兩個丫頭有了姦情。十五老太爺心知肚明不去說破，只當沒有這回事，兩個丫頭有了身孕，十五老太爺便打發她們帶胎另嫁他人，這兩個丫頭便出嫁了，她們懷的孩子自然是周錫璋的子或女，是周家的後人，在周家世系表上應當有此二個子或女的名字。可惜，直至現在，我們也不清楚，這兩個丫頭是嫁給了什麼人，孩子是否生下來；如生下來是否存活；如存活，這兩個孩子叫什麼名字，他（她）們的身世若何，這些都是無法解開的謎了。要知道，按輩份論，他（她）們當是魯迅的族叔或族姑呢，那兩個丫頭也自是魯迅的叔祖母的。

這還不算。周錫璋有四個兒子，他們依次是長子周鹿三，次子周仲皋、三子周叔鑫、四子周季尹。二十八老爺死後，他留下的還有三個兒子，不知道這三個兒子是四人中的哪三位便都離家出走了，據說是跟著黃興鬧革命去了，但也只是「據說」而已，尚無實證或可靠的消息。這也是一個謎案，周錫璋在世時，他這三個兒子是他的助手，無論書畫，雕刻，製作鳥籠，竹器，玩具都很在行了。這三個兒子還會製造炸彈，這可能是附會他們跟隨黃興而去的一個因由吧。

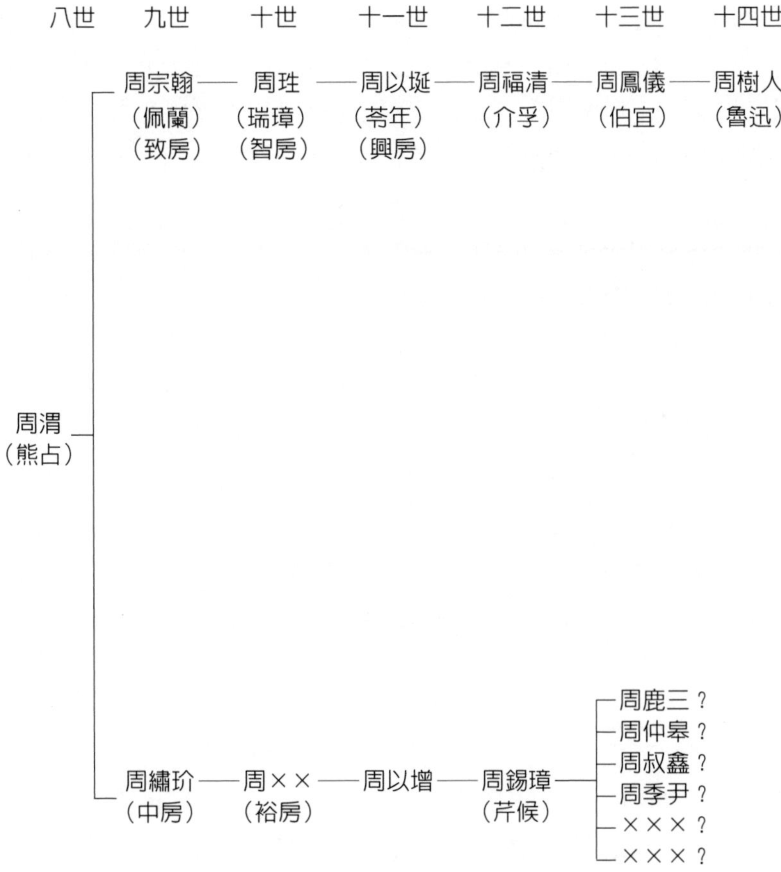

七、周子京的兩個兒子上哪裡去了？

周子京是魯迅的叔祖，為周家十二世人，立房第二代傳人。名致祁。他的父親就是前面提到的周永年，周作人稱他是十二老太爺的。周子京是魯迅小時在家塾讀書時的老師。魯迅在進三味書屋讀書之前，是在自己家族族塾中讀書的，啟蒙老師是義房的周玉田（兆藍）。周玉田與周瓞臣、周慶祁是親哥兄弟，小排行老六，第二位老師是周花塍，他與周玉田也是親哥兄弟，排行老三，第三位老師就是周子京了。周子京有精神病，教書自然是教得一塌糊塗。如「荔」字也不會寫，先寫成草字頭三個刀字（這是「荔」的異體字，這樣寫也可以），覺得不對，又寫成木字旁三個力字，這就錯了。魯迅的文親周伯宜看了，在孩子的本子上批了他一句，他大為恐慌。又有一次，他把《詩經・大雅・公劉》中的一句「迺裹餱糧」（亦寫作「廼裹餱糧」）解釋為：公劉非常窮困，他把猴猻袋子中的糧食給咕地一聲擠了出來，裝在自己的袋子中帶走了，「餱糧」本是乾糧，指途中用的方便主食，如炒米，炒麵，饅頭，烙餅之類，周子京解為猴猻的糧食，把「裹」，即裹帶解為擬聲詞「咕」，鬧了一個大笑話。「迺裹餱糧」意思是周部落的首領公劉遷都時，讓部族人帶足乾糧，以備途中之用，周子京的解釋與原義相差有十萬八千里了。

周子京有兩個兒子，一個叫周八斤，一個叫周阿桂。他精神不正常，教他的兒子時要求太苛，打得太凶，於是他的兩個兒出逃了，逃往哪裡，行蹤與結局如何，現在都不清楚，算是一個謎吧，只是周作人在他的《魯迅的故家》一書中說：「子京的夫人早已去世，留下兩個兒子，一個叫八斤，一個叫阿桂，一個是誕生時的分量，一個是月份吧。不知什麼緣故他們都出奔了，有人說是因為打得太凶，這也正是可能事，其中有一個，記不清楚是誰了，在出奔之後還時常訪問老家，特別是他的母親忌日那天，遇著上供，他算是拜忌日來的，穿著新的藍布長衫，身上乾乾淨淨的，聽說給一個什麼店家做了養子，關於這事他自然一句不說。他們父子相見很是客氣，拜過忌日，主人留客說，『吃了忌日酒去。』客回簽說，『不吃了，謝謝，』於是作別而去。這種情形有過多少次難以確說，但我總記得見到過兩次。雖然來的是不是同一個人，現在也有點弄不清楚了。」

八、周秉鈺逃亡去了哪裡？

周秉鈺周氏第十三世人，是魯迅族叔。他是致房中勇房的笛房始祖周致祁的二兒子，周致祁大排行十七，人稱十七老爺，他有四個兒子，即長子周秉銑、次子周秉鈺、三子周秉釗，四子周樂山（仁壽），因為勇房笙系無後人，笙房始租周致樂便將周秉鈺過繼過來，認他為子，後來，周秉鈺逃亡，又過繼了周致祁的四子周樂山為子（見圖表）。

周秉鈺生性好動，他善潛泳，常常從都亭橋下水潛泳至羅漢橋上岸，一路水面上不起一點浪花，觀者無從知曉水下面還有人在潛泳。他還能翻筋斗，豎蜻蜓，尤擅「葉子」，即用手著地側身旋轉，有如風車上急轉的葉片一般，常從秋官第旋轉，至福彭橋，旋轉之快，讓人看不出他的的真面孔。這些引起了他的父親十七老爺的不滿。十七老爺常常打這個兒子，有時甚至打得遍體鱗傷，體無完膚。周秉鈺不堪父親的毒打，於是他離家出走，逃亡了。他逃到哪裡去了呢？有人說他逃到一個戲班子那裡，在那裡演武戲，還有人說他逃亡到諸暨剃髮為僧。但這都是傳聞，並不可信，所以周秉鈺到底逃亡到哪裡就是一個謎了。

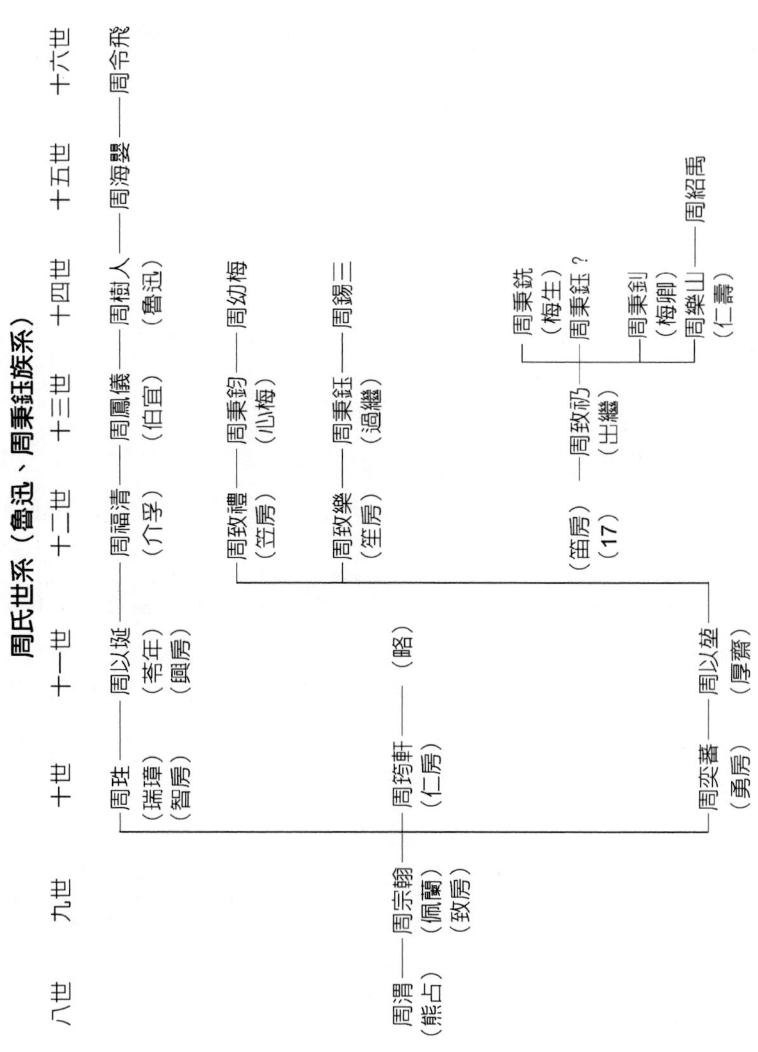
周氏世系（魯迅、周秉鈺族系）
八世
九世
十世
十一世
十二世
十三世
十四世
十五世
十六世
周渭（熊占）
周宗翰（佩蘭）（致房）
周珏（瑞璋）（智房）
周以埏（苓年）（興房）
周福清（介孚）
周鳳儀（伯宜）
周樹人（魯迅）
周海嬰
周令飛
周筠軒（仁房）
（略）
周奕蕃（勇房）
周以堃（厚齋）
周致禮（笠房）
周秉鈞（心梅）
周幼梅
周致樂（笙房）
周秉鈺（過繼）
周錫三
（笛房）（17）
周致礽（出繼）
周秉銑（梅生）
周秉鈺？
周秉釗（梅卿）
周樂山（仁壽）
周紹禹

九、禮房中有幾個人為什麼字都寫得很漂亮？

禮房中有幾個人，例如魯迅的族叔周思莪、周子衡，魯迅的從兄弟周利賓，也沒有臨過什麼帖，也沒有用過什麼功，但字都寫得十分漂亮。這事很奇怪。

還是讓我們先從魯迅的祖父周福清說起。

周福清（1839-1904）原名致福，後改名福清，字震生，複改名為介孚，號梅仙，為興房第二代傳人，屬十二世，他 1865 年赴杭州鄉試未中，1867 年又赴考，中浙江鄉試第八十六名舉人，1868 年入京參加會試，又未中。1871 年第二次赴京會試，中第一百九十九名貢士，殿試為三甲第十五名進士，朝考第一等第四十一名，欽點翰林院庶吉士。翰林院為朝廷官署，職掌國史編修，記皇帝起居，送經講史和朝廷文件的草擬之事，有點類似現在的中央辦公廳和社科院。是朝廷的秘書班子。翰林院的官員由進士擔任。庶吉士是翰林院官員中最低的一級官員。三年後周福清為江西金溪縣知縣。1879 年捐升內閣中書，1888 年實授。1893 年秋科場案發自首。1901 年 4 月 9 日獲釋後在家閒居直至逝至。

周福清成為翰林院庶吉士後，在自己故家的門楣上掛了一塊匾，上寫「翰林」二字，落款是「欽點翰林院庶吉士周福清立」。

這塊牌匾是誰寫的呢？就是禮房第十三世人周思莪，他是周福清的族侄。這匾的字酣暢，豐滿，很是漂亮。

周冠五在他的《三臺門的遺聞佚事》一文中說：「介孚公的『翰林』匾額就是他（指周思蕺——引者注）的手筆。」「利賓是棻史的兒子，文化很低，字也寫得很好，不知怎麼他們禮系中人，對寫字都沒下過苦功，但都寫得像樣，就是子衡也寫得並不錯，真也有點奇怪。」（見圖表）周作人在他的《魯迅的故家》中也說：「介孚公於同治辛未（一八七一）年中進士，點翰林，依照舊時封建遺風，在住宅和和祠堂的門口需要懸掛匾額，那時匾上二尺見方的大字即是四七（指導周思蕺，他在族內大排行四十七，故稱——引者注）所寫，小時候看了一直覺得佩服。大概是癸巳年我同伯升在廳房裡讀書的時候，曾經請他寫過字看，前後相去二十多年，手已發抖寫不好了，可是看他的底子還在，比伯文自誇的顏歐各體要好得多」。這裡，周冠五說的周利賓是周棻史的兒子，而周棻史與周思蕺是同胞兄弟，為禮房十三世人，周利賓是十四世人，與魯迅同輩。還有那個周子衡，也是禮房中的人，與周棻史、周思蕺為叔伯兄弟，周作人提到的那個字寫的並不怎樣稱的周伯文，外號叫「金魚」的卻是義房中的人。周冠五還說，周思蕺「跡近無賴」，常給別人取外號（常給別人取外號）的習性魯迅也有，想是一種家族的傳承吧——筆者注)，而周利賓「文化很低」，可字也寫得不錯。這的確是個謎。是天才的傳承嗎？是家庭的薰染嗎？是個人的苦練嗎？好像都不是，又好像都是，很難給出一個確切的答案來。

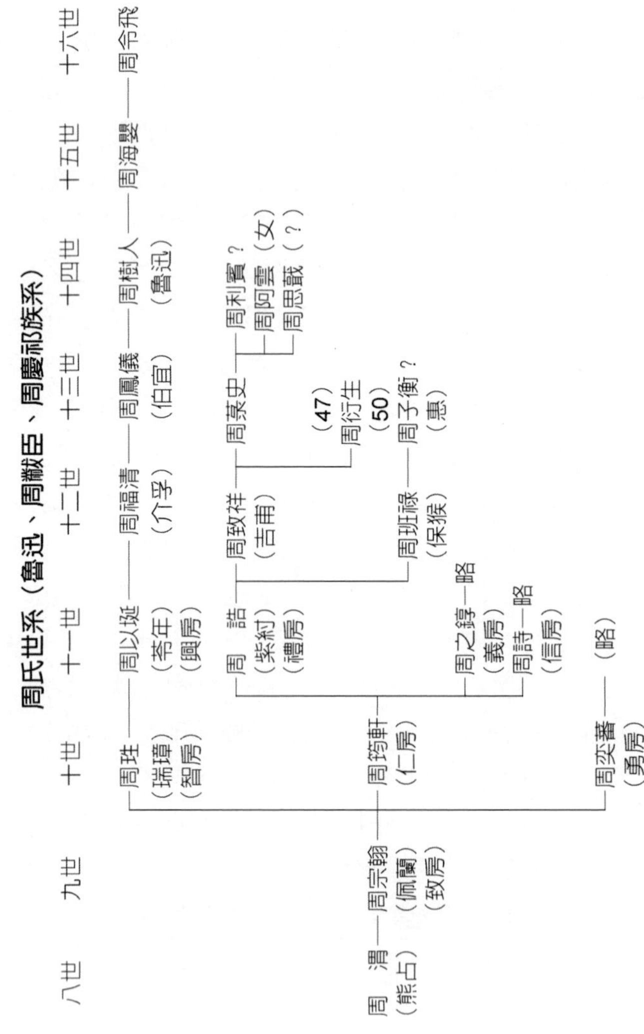

周氏世系（魯迅、周瓚臣、周慶祁族系）
八世
九世
十世
十一世
十二世
十三世
十四世
十五世
十六世
周渭（熊占）
周宗翰（佩蘭）（致房）
周珄（瑞璋）（智房）
周以埏（苓年）（興房）
周福清（介孚）
周鳳儀（伯宜）
周樹人（魯迅）
周海嬰
周令飛
周筠軒（仁房）
周誥（紫紺）（禮房）
周致祥（吉甫）
周菉史
周利賓？
周阿雲（女）
周思戩（？）
（47）周衍生
周班祿（保猴）
（50）周子衡？（惠）
周之鎛—略（義房）
周詩—略（信房）
周奕蕃—（略）（勇房）

一〇、魯迅的曾祖母戴氏叫什麼名字？

魯迅的曾祖母戴氏（1814-1893）是紹興城戴家臺門戴琳的女兒。這戴家臺門與周家老臺門只隔四，五家門面，距離很近，距新臺門也不遠，戴家也是紹興城有名的官宦人家，與周家正是門當戶對，她嫁給周以埏（苓年）後生一女一子，女婿是道墟章錫候（介千），兒子便是周福清，魯迅的祖父。

戴氏教子很嚴，由於周以埏過世較早，戴氏只此一子，切盼周福清成才。周福清點了翰林，為她爭氣爭光，這應當是一件讓她高興的事，可是「京報」（專門傳遞考取進士的來自北京報信的人，專上進士的是六個人，一人敲一面銅鑼）到紹興周家新臺門，她卻大哭，連說「拆家者」、「拆家者」，「拆家者」是紹興話，意思是當了官將來要遭拆散家業的惡報。周福清後來捐官納妾，科場案發，險些丟了命，都說明瞭戴氏確有先見之明，讓她說中了，她生於官宦人家，見過人生仕途的險惡之事，所以有些驚人之語，戴氏是周家三臺門當時輩份最高的人，周家人什麼大事小情，是是非非都要她來決斷，她可以算是三臺門周家最有權威的人了。她一死，周家三臺門失去了一個權威掌門人，周府自此便頗有些不安寧。

周以埏大排行第九，人稱戴氏為「九老太太」。她是魯迅見過的周家輩份最高的人，對魯迅還有一定影響。她年紀高，忘性大，記不住樟壽（魯迅）、櫆壽（周作人）、松壽（周建人）的名字，一律稱之為「阿寶」。她整日坐在家門口一張椅子上，小樟壽一次次跌倒，她就說：「哎呀，阿寶啊，衣服弄髒了呀。」有時小樟壽故意跌倒，就是要聽她再說這句話。魯迅兒時也很頑皮的呢。

周福清寫有《恒訓》一卷，這是智興房的傳家之訓，其中有什麼「力戒煙酒」、「有良心」、「有積蓄」、「有恒心」等訓詞。這卷《恒訓》魯迅在南京陸師學堂讀書時曾抄錄過，這抄本現在仍保存著。這些訓詞，有不少是戴氏對兒子的教誨之語，魯迅思想中，有這些訓詞的影子。魯迅就對人說過：「息得太多，也就很無聊」、「我不玩，我把我的時間都用在工作上」、「我為了反抗政府，確實貯了一些錢，以備萬一」。只是「力戒煙酒」這一條魯迅沒有做到。儘管如此，我們仍可看出戴氏對魯迅是有一定影響的。有人說，魯迅小說《風波》中的九斤老太，就是以這位「九老太太」戴氏為原型塑造的。這種說法尚缺乏力證，但也不失為一種說法，一種較為可信的說法。

但是，迄今為止，我們仍不知道這位戴氏叫什麼名字。也許她沒有名字，也許她有名字而不傳，這都是一個不解之謎。

一一、魯迅的親祖母孫月仙死於何病？

魯迅有五個祖母，她們是親祖母孫月仙（1833-1864），繼祖母蔣菊花（1842-1910），庶祖母薛氏（1857-1881）、章秀菊（1861-1887）、泮大鳳（1868-？）

孫月仙是紹興偏門外跨湖橋人。鐣釵名門孫氏是紹興城的巨門望族，周、孫兩家成親，自然也是門當戶對。她的父親孫際雲任過戶部山東司主事，她的弟弟孫琥銘，在 1867 年與魯迅的祖父周福清同時參加逝江鄉試，周福清中第 86 名舉人，孫琥銘中第 52 名舉人，成績比周福清好。孫琥銘曾任過戶部主事，官也比周福清做得大，孫月仙於 1858 年生一女，名周德；1861 年生一子，名鳳儀，即周伯宜，魯迅的父親。她於 1864 年 10 月 5 日病逝，她死時，周鳳儀才 3 歲，魯迅自然沒有見過這位親祖母，只是在春節祭祖時，才從小堂前——魯迅家掛先祖遺象的地方——認得這位親祖母。

孫月仙死時年僅 31 歲，她是因為患了什麼病而死，迄今未見記載，只好算是一個謎案了。

魯迅祖父周福清和祖母孫氏（左）、蔣氏（右）（畫像）

一二、魯迅的繼祖母蔣菊花死於何病？

魯迅有五個祖母，她們是孫月仙、蔣菊花、薛氏、章秀菊、泮大鳳。蔣菊花是周福清的繼室，自然是魯迅的繼祖母了。她生於 1842 年，比孫月仙小 9 歲，死於 1910 年，享年 60 歲。她病逝後，魯迅接到電報立即從浙江兩級師範學堂趕回為繼祖母辦理喪事，魯迅還親自為繼祖母穿好壽衣，據說這壽衣還穿得很規整，敏捷，讓族人很驚歎呢。

魯迅沒有見到過自己的親祖母。魯迅青少年時期的祖母就是這位蔣菊花。蔣菊花是幼年魯迅文學素質形成的啟蒙老師，她常給講貓是老虎的師傅、水漫金山等故事與傳說。

這些故事與傳說對魯迅成為一代文豪是起了一定的啟蒙與鋪墊作用的。

蔣菊花對魯迅喜詼諧、善幽默性格的形成，也有不小的影響。據周作人回憶，蔣菊花常坐在自家房門口一張椅子上，聽侄孫輩們談天說笑，聽到興奮處，她會畫龍點睛地插上一句話，讓侄孫輩們大笑不止，她看著侄孫輩們笑得前仰後合，她自已一點也不笑，還會問：「你們為什麼這樣好笑？」魯迅也是如此。許廣平在《魯迅的講課與講演》一文中便說：「魯迅講課講到精彩的時候大家都笑了。有時他並不發笑，這樣很快就講下去了」。著名詩人馮至在回憶魯迅講課時也說：「魯迅先生講課非常有風趣。他常常引得大家發笑但他自己卻一笑也不笑。」魯迅講課的風趣，真也有點蔣老太太幽默，諧諧的影子呢。

蔣菊花是紹興偏門外魯墟人。1868 年生一女，即周康，這是她唯一的親骨肉，可惜周康於 1894 年死於產褥熱，這對蔣老太太是一個莫大的打擊，而她與丈夫又十分不和，她的孤寂與冷漠是可以想像的。有一回附近一個基督教女傳道士向她傳道，勸她顧將來的靈魂。她說：「我這一世還顧不周全，哪有功夫去顧來世呢。」

蔣菊花是魯迅五位祖母中最長壽的一個，也是唯一對魯迅有著不小影響的人物，他們之間有著一種親情，魯迅在小說《孤獨者》中寫到主人公魏連殳從外地為祖母奔喪一事，這一情節設計便是移用了魯迅為祖母奔喪的往事，連許多場面都是差不多一樣的。如魏連殳到家之前，一些親戚本家說魏連殳是新黨，「吃洋教」一定要他按舊法行送喪之禮：穿白、跪拜、做法事，魏連殳到家之後，他們提出了這三點要求，以為魏連殳不會答應，想不到魏卻說：「都可以的。」這讓他們大吃一驚。魯迅到家之後，也經歷了這樣的場面。小說也寫了魏連殳為祖母穿壽衣做事，這也和魯迅為祖母穿壽衣的事吻合。小說還說這個祖母是父親的繼母，父親生母在父親 3 歲時就死去了，這也符合魯迅父親的情況，魯迅父親周鳳儀（伯宜）生於 1861 年，親祖母孫月仙則死於 1964 年，按足歲恰好是 3 歲。小說寫祖母彌留時說：「為什麼不肯給我會一會連殳的呢？……」蔣菊花也是在彌留之際特別想見一見魯迅、周作人兄弟一面，但這時兄弟二人皆在外地，與小說中的祖母一樣，這一面也沒有見成，雖不是親孫子，將菊花看待魯迅、周作人卻比親孫子還親呢。蔣菊花最後是死了，但她死於何病，未見記載，有的文章只說她為庸醫所誤，看來得的也不是必死的病，得的是什麼病，卻沒有答案了。

一三、魯迅的第三個祖母薛氏叫什麼名字，患何病而逝？

魯迅的第三個祖母薛氏（1857-1881）是周福清在做京官時納的第一個妾，是魯迅的第一個庶祖母。

1865 年，周福清參加鄉試未中，1867 年又赴考，這次考中第 86 名舉人，1868 年赴京參加會試，中試第 199 名，殿試第三甲第 15 名，朝考第一等第 41 名，欽點翰林院庶吉士，翰林院是清朝的一個文化機構，類似現在的社會科學院，院中設一個庶常館。新考上的進士入此館學習三年，叫「庶常」，也叫「庶吉士」。學習結業後授予翰林院官職，如編修、檢討等，也可進其他部任主事（司級中最小的官職）或到外地任知縣。「庶吉士」官職並不大，有點類似現在社會科學院研究生院的研究生。這期間，周福清納薛氏為妾，其時大約是 1874 年，薛氏年僅 17 歲，周福清已 36 歲，1874 年，周福清任四川榮昌縣知縣，因太遠，他不願意去，後改任江西金溪縣知縣。1875 年 1 月 22 日周福清攜薛氏榮歸故里。不久即奉母親戴氏，攜後妻蔣菊花、妾薛氏赴江西金溪上任。在金溪任上，周福清因與上司關係搞僵而丟官。1879 年周福清赴京活動捐官，9 年後，即 1888 年才補上一個內閣中書的小官，負責內閣中的撰擬、記載、翻譯、繕寫，類似現在國務院的文書。在京候補期間，周福清是住在紹興會館，就是魯迅初到北京時住的那個地方，其間，周福清又納章秀菊為妾，這兩個妾天天吵。魯迅初到北京時，還聽過紹興會館一個年老姓齊的長班（聽差）向魯迅講魯迅祖父納妾，兩個妾天天吵架的故事。魯迅聽了，「很不好受」。

魯迅的五位祖母，其他四位，我們都知道她們的名字，獨有這位薛氏叫什麼名字，迄今不詳，薛氏死時年僅 24 歲，死的那一年，正是魯迅生年，魯迅從未見到過這位庶祖母，連畫像也未見到，薛氏究竟是得了什麼病而死的，這也是一個曠世之謎了。

一四、魯迅的第四位祖母章秀菊患何病而死？

魯迅的第四位祖母，他的第二位庶祖母是章秀菊（1861-1887），湖北人氏。

1879 年當周福清赴京準備買官時，他納章秀菊為妾。這時周福清身邊已有妾薛氏，他嫌不足，於是又納了章秀菊，這兩個妾相處並不和睦，天天吵架，直到兩年後，即 1881 年薛氏去世，她們才沒法吵了。章秀菊生於 1861 年，與魯迅的父親周鳳儀（伯宜）同歲。1882 年她為周福清生一子，這就是周鳳升（伯升）。自此，章秀菊與周鳳升便是周福清身邊的唯一親人。章氏終得專寵。

章秀菊嫁周福清後，一直生活在北京，沒有去過紹興，薛氏還去過紹興，見了周氏族人，她則與周福清母親戴氏、後妻蔣菊花、兒子周鳳儀、兒媳魯瑞未見過一面，更不要提魯迅了。

章秀菊是 1887 年 11 月 17 日去世的，其時魯迅已經 6 歲了，魯迅當時自然還不知道，他在北京還有一個從未見過面的祖母。但魯迅與他的小叔周鳳升關係卻是好的。章秀菊 26 歲就去世了，究竟是得了什麼病，迄今未見任何記載，在魯迅的五位祖母中，孫月仙、薛氏，章秀菊都是二、三十歲時就死了，妙齡而逝，十分可惜。

一五、魯迅的第五位庶祖母洋大鳳離開周家身世怎樣？

魯迅的第三位庶祖母，即他的第五位祖母有名有姓，她叫洋大鳳，1868 年生，北京人。周作人在《魯迅的故家》中說她姓潘，這是弄錯了，因為現存洋大鳳離開周家的一紙文書，可證明她姓洋，不姓潘。這一紙文書下文還要說到，茲不贅。

魯迅的曾祖母戴氏是 1893 年 2 月 16 日病逝的，這一天正好是農曆壬辰年的除夕，魯迅家原本要慶賀除夕夜的，但戴氏一死，喜事變成了喪事，全家為辦喪事，亂成一團。時在北京做官的周福清接到家中的電報後，立即離京返紹，回來為母親送喪，周福清這次回紹興，從天津乘船至上海，再回到紹興，在路上行程一個多月。他不僅帶回來六隻紅漆黃銅包角的皮箱，還帶回來他的第三個妾洋大鳳和周福清與章氏生的兒子，魯迅的小叔周鳳升（伯升）。周家第一次見到這位洋大鳳，周氏三兄弟也向這位庶祖母作揖跪拜。當時洋大鳳年僅 26 歲，魯迅 13 歲。

按照舊制，官員的雙親死了之後，兒子要守孝三年，這叫「丁憂」。在這三年中，不但不任官職，連官俸也沒有，一切婚宴也要停止，讀書人也不能參加科舉考試。三年後要補缺，不可再實授官職，可這時周福清已經五十七歲了，丁憂下來他便六十。怎麼能補得上缺？所以這次丁憂，對周福清說，實際是已離開官場，開始在家賦閒。

周福清在家賦閒，泮大鳳與周鳳升自然也長住周家新臺門。周福清科場案發後，泮大鳳與周鳳升到杭州租房去陪侍在獄中的周福清。周福清獲釋後，泮大鳳與周鳳升又跟著回到紹興。1904 年周福清去世，泮大鳳過了五年的孀居生活。她本不是周鳳升的生母，但二人認了母子關係。一年冬天，周鳳升未穿棉褲，蔣氏問周鳳升為什麼不穿棉褲，周鳳升說泮大鳳不給他穿棉褲，蔣氏便問泮大鳳，為什麼不給孩子穿棉褲，泮大鳳說：「他不叫我『娘』而叫我『喂』。」蔣氏便批評了泮大鳳，從此周鳳升穿上了棉褲。

泮大鳳比周福清小 31 歲，周福清死時，她才 37 歲，相當年輕，在周家守寡五年，大約到 1909 年，就是魯迅從日本回國任杭州浙江兩級師範學堂化學和生理學教員的那一年，周家人發現泮大鳳有點不安分了，據說，她認識一個外號叫「癱眼疤」的人，這個男人還曾進泮大鳳居室帶走了泮大鳳的幾隻箱子，不久，泮大鳳也不見了蹤影。……

有一天，泮大鳳突然又回到了周家，她是來向周家人告別的，兼向周家討一紙文書，以證明她是自願離開周家，周家也同意她離開周家，因為她是周福清花錢買的妾。這一紙文書由中裕房的二十八老爺周錫璋（芥候）代筆。文書全文如下：

主母蔣諭妾泮氏，頃因汝嫌吾家清苦，情願投靠親戚，並非虛言，嗣後遠離家鄉，聽汝自便，決不根究，汝可放心，即以此諭作憑可也。

宣統元年十二月初八日，主母蔣諭。

立筆據妾泮氏，頃因情願外出自度。無論景況如何，終生不入周家之門，決無異言，此據。

宣統元年十二月初八日，立筆據妾泮氏。

代筆周芹候押

拿到這一紙文書後，泮大鳳在周家過了一夜，第二天早飯後，她向蔣氏告別，又到了小堂前，向周福清的遺象告別道：「老爺，我走了哇！謝謝您的恩典，我永不忘！老爺，我走了哇！」說完跪下行了一個禮，含淚而離開周家新臺門，她到底是嫁給了那個外號叫「癱眼疤」的麼？但這個「癱眼疤」姓甚名誰，他們是怎樣認識的，他們結合後，泮大鳳會幸福嗎？她是哪一年離世的？所有這些，大約很難弄清楚了。

一六、周福清先後納三妾共花了多少銀子？

前文說過，周福清一當上官，就開始納妾了。

他納的第一個妾是薛氏（不知其名）。其時是 1874 年，薛氏 17 歲，周福清任翰林院庶吉士已是第 4 年。不久他被外放，任江西省金溪縣知縣。1875 年 1 月 22 日，周福清攜薛氏，辭別了同鄉監察禦史李慈銘返鄉，赴金溪任時，他是帶了母親戴氏、妻蔣氏、妾薛氏上任的。

1879 年周福清丟了縣官，不得已進京活動，企圖通過買官的辦法重進官場。在北京，他先是住在紹興縣館，就是魯迅初到北京時住的那個地方。他在北京活動了九年才得已捐七品內閣中書的小官，大約就在周福清赴京活動買官的同時，即 1879 年，他又納 19 歲的章秀菊為妾，住紹興縣館的附近住房。這時周福清的母親戴氏、妻蔣氏已回故里。他帶了兩個妾在京候補。這兩個妾天天吵架，鬧得他不得安寧。

1881 年，就是魯迅誕生的那一年，薛氏病故。6 年後，即 1887 年章秀菊也病故。章秀菊為周福清留下一子，即魯迅的小叔周鳳升。就在章秀菊病故後沒有多久，周福清又買年僅 20 歲的泮大鳳為姨太太。

當然，這三房姨太太都是周福清花錢買來的，周福清買妾花了多少錢？這是一個謎。買一房妾要花多少銀子呢？周福清的「鄉黨」李慈銘在當官時也買了一個妾，花銀一百八十兩，如按此價算，周福清前後買三房妾，要花五百四十兩左右的銀子吧。誠然，這只是一個推算。周福清先後買的三房妾，也有可能價格不一。若是這樣，這一謎案就無法破解了。當年周福清是寫有日記的，他買妾花了多少銀子，想來會有記錄。可惜，這些日記在魯迅移家北京時都被魯迅燒了。如果不燒，該會有買妾花銀子的記錄的。

一七、長媽媽姓甚名誰？

魯迅在著名散文《阿長與山海經》中寫到了他幼時的保姆長媽媽，與藤野嚴九郎、壽鏡吾一樣，長媽媽因了魯迅的這篇散文而名傳四海，流芳千古，長媽媽可算是中國保姆史上著名的保姆了。

一提起長媽媽，讀者腦海中立刻浮現出了長媽媽十分不雅的睡相，她仰在床上，擺成一個很大的「大」字，四仰八叉的睡，把小樟壽（魯迅本名）擠在床上一角，睡得很不舒服。讀者也會想起，長媽媽給小樟壽講「長毛」的故事，十分繪聲繪色，說長毛也擄女人，連醜女人也要擄去。叫醜女人們脫了褲子排成一排站在城牆上，官兵的炮就放不響，要響也只在炮膛中就炸了。讀者還會想起，她給小樟壽弄來了《山海經》。小樟壽到處弄不到這種書，她卻很有心也很神通，給小樟壽弄到了。這最後一件事，長媽媽真是立了大功一般，讓小樟壽的心裡對她產生了新的敬意：「別人不肯做，或不能做的事，她卻能夠做成功，她確有偉大的神力。謀害隱鼠的怨恨，從此完全消滅了，這四本書，乃是我最初得到，最為心愛的寶書。」我們應當也客觀地說，長媽媽是開啟幼年魯迅智力的一個很好的老師，她講的傳說故事，她給魯迅弄來四本寶書，都極大地開拓了小樟壽的視野和藝術想像力。她的功勞是不小的。永不可沒的。所以在她死後 27 年，魯迅在《阿長與〈山海經〉》中祈禱她：「仁厚黑暗的地母呵，願在你懷裡永安她的魂靈！」得到魯迅親祈冥福的人，在魯迅世界裡恐怕只有她一個人吧。

十分遺憾的是，這樣一個可敬可愛的長媽媽，卻沒有留下她自己的真實姓名。她姓什麼？沒有人知道，只周作人說：「長媽媽夫家姓余，過繼的兒子名五九，是做裁縫的，家住東浦大門漊，與大樹港相去不遠。」（《魯迅的故家‧阿長的結局》）周作人也不知道她姓什麼，那麼，她的名呢？是叫「長」嗎？興房上下人等叫她「阿長」，小樟壽平時叫她「長媽媽」，對她有了敵意時便改口直呼其「阿長」，那篇名文《阿長與〈山海經〉》也直呼她「阿長」，可是她的名不叫「長」，魯迅在《阿長與〈山海經〉》中便說：「我們那裡沒有姓長的；她生得黃胖而矮，『長』也不是形容詞，又不是她的名字，記得她自己說過，她的名字是叫做什麼姑娘的。什麼姑娘，我現在已經忘卻了，總之不是長姑娘；也終於不知道她姓什麼。記得她也曾告訴過我這個名稱的來歷：先前的先前，我家有一個女工，身材生得高大，這就是真阿長。後來她回去了，我那什麼姑娘才來補她的缺，然而大家因為叫慣了，沒有再改口，於是她從此也就成為長媽媽了。」可見這位「阿長」姓什麼，叫什麼名字，一百多年過去了，任何人也不知道。這個謎案也可以說是一個無法破解的謎案了吧。

長媽媽患有癲癇症，時常發作。有一年，魯迅的母親魯瑞因為丈夫和四子椿壽相繼故去，傷心不止，便出去看戲以排解心中鬱悶。當時是划了兩隻船，一隻上乘的是男客，一只是女客，阿長因為是老保姆了，魯瑞也叫她同往。可是在看戲時，長媽媽又犯癲癇症了，這次發作時，她對魯瑞說：「奶奶，我弗對者。」這是一句紹興話，意思是這次發作有點和以前的不大一樣，不大對勁，說完就不作聲，就此死在船上，長媽媽一死，周家人無心看戲，只得草草回去辦喪事。周作人已亥日記四月初六日記：「初六日雨中放般至大樹港看戲，鴻壽堂徽班，長媽病發作，辰刻身故，原船送去。」

由此，我們可知，長媽媽是 1899 年（清光緒二十五年已亥）農曆四月初六日辰時病故的，換算成西曆應是 1899 年 5 月 15 日 7 時至 9 時之間去世的。可她生於何時，仍是一個謎。長媽媽死時，魯迅已 17 周歲，在南京礦路學堂讀書，沒有回紹興參加葬儀。長媽媽死後，她過繼的兒子五九到周府討取長媽媽的工錢，還送了一條大鰱魚和七條鯽魚給魯瑞。這事《周作人日記》有記載：「日記十一月廿五日項下云：『五九來，付洋二十元，伊送大鰱魚一條，鯽魚七條，他是來結算長媽媽媽工錢來的，至於，總共付多少，前後日記有斷缺，所以說不清楚了。」

一八、誰說魯迅是「乞食者」？

1893 年秋，魯迅祖父科場案發。家中怕孩子受連累，便把樟壽（魯迅）、櫆壽（周作人）送到皇甫莊外婆家。當時魯迅在大舅父怡堂家吃住，周作人在小舅父寄湘家吃住。這年底，魯家兄弟分家，魯怡堂搬至小皋埠，魯迅便隨大舅父來到小皋埠，周作人則隨小舅父回到安橋頭。一直到轉過年春夏之交，科場案風波漸漸平息，魯迅兄弟二人才結束將近一年的寄人籬下的生活，回到紹興周家新臺門。

魯迅在《俄文譯本〈阿 Q 正傳〉序及著者自敍傳略》一文中提起這將近一年的寄人籬下的生活時說：「但到我十三歲時，我家忽而遭了一場很大的變故，幾乎什麼也沒有了，我寄住在一個親戚家，有時還被稱為乞食者。」這裡，問題就出來了：是誰說魯迅是「乞食者」？有人說是魯迅外婆家的鄰居。這不可能，鄰居管這種事幹嘛？從魯迅這句話的前言後語看是「我寄住在一個親戚家，有時還被稱為乞食者」，這明顯是說自己親戚家中人稱自己是「乞食者」，不可能是鄰舍。那麼親戚誰說魯迅是「乞食者」呢？有可能是魯迅的大舅母，魯怡堂的前妻秦氏。當然這是推測，無實證，所以這個說魯迅是「乞食者」的人不能確指，還是一個謎案。

一九、朱自清的母親周綺桐屬魯迅家族的哪一支？

朱自清（1898-1948）字佩弦，祖籍浙江紹興，生於江蘇東海縣，他的祖先原姓余，也是浙江紹興人，余子擎的父親在揚州做官，一次酒後墜樓而亡，其夫人也跳樓殉夫，余子擎便由山陰同鄉、顯宦朱姓撫養，於是改姓朱，余子擎結婚生子，為不忘本姓，將其子取名則余。這位朱則余便是朱自清的祖父，後來朱氏家族擔心是朱則余分了朱家財產，百般欺負朱則余，朱則余無奈只好帶著妻兒離開紹興，朱則余在東海縣做承審官時，其子朱鴻均與媳周綺桐生下朱自清。朱自清 3 歲時全家移揚州，19 歲時朱自清在當地省立八中畢業，考入北京大學哲學系畢業後任過中學教員，1925 年調清華大學國文系，30 年代遊學英國，歸國後任清華大學國文系主任。後任西南聯大教授，1946 年回北平有任清華大學國文系主任，直至逝世，朱自清以散文《荷塘月色》飲譽文壇。

朱自清與魯迅見過三次面，第一次見面是魯迅南下赴廈門途經上海，文學研究會請魯迅吃飯。此時恰好朱自清由上虞返北平時也途經上海，鄭振鐸便叫朱自清作陪。這一天是 1926 年 8 月 30 日，其餘二次見面均為 1932 年。這一年魯迅北上探母病。1932 年 11 月 24 日朱自清來魯迅西三條胡同 21 號寓所。請魯迅赴清華演講，被魯迅謝絕，又過 3 天，朱自清又赴魯迅寓所請魯迅講演，魯迅不在家。稍後魯迅回來，二人談了一會兒，魯迅說沒有功夫到清華講演了，第二次謝絕了朱自清的邀請。

朱自清的母親周綺桐是紹興周氏族人。朱自清的弟弟朱國華在《朱自清・難以忘懷的往事》中說：「我家原是紹興人氏，母親周姓，與魯迅同族。周、朱兩姓門戶相當，常有聯姻，均為當地大族。」可是周綺桐是魯迅這一族哪一支哪一房哪一世的，其父是誰，現在難以查考，是一個謎了，周氏族譜，一般不記女性，更增加了查考的困難，這只有等待新資料的發現了。

二〇、朱自清與朱安是什麼親戚關係？

在紹興，不但周、魯兩家是互相聯姻的名門望族，就是周、朱兩家也是互相聯姻的名門望族，朱自清的弟弟朱國華便說：「周、朱兩姓門戶相當，常有聯姻，均為當地大族，魯迅的原配夫人朱安也是我家的遠親。」（自國華《朱自清・難以忘懷的往事》）。

的確，周、朱兩家是姻親，不只是朱安嫁了魯迅，還有魯迅家的近鄰、魯迅的啟蒙老師之一周玉田，他的夫人也是朱家人，魯迅應叫她二十叔祖母（大排行）。因為周玉田原名兆藍，他的小名叫「藍」，所以周玉田夫人人又稱「藍太太」或「玉夫人」。朱安就是這位「藍太太」或「玉夫人」的內侄孫女。魯迅與朱安訂婚、結婚、是魯迅母親魯瑞托藍太太的兒媳謙少奶奶去朱家說合的。這位謙少奶奶是魯迅這一不幸婚姻的牽線人、媒人，周、朱兩家聯姻還有前文提到過的朱自清母親周綺桐，她也是紹興周家人。在紹興，朱宅在水溝營丁家弄，與周家新臺門的都昌坊口僅隔一條東西向的大街。

朱國華說，朱安是他家的遠親，迄今，人們尚未見到朱氏族譜，這樣，朱自清與朱安是朱氏家族的哪一支，哪一輩份，就搞不清楚了。這自然也是一個謎案了。

二一、為什麼魯迅著作沒有一處文字提及魯琴姑？

魯琴姑（1883-1904）是魯迅小舅父魯寄湘的大女兒。周建人在《魯迅故家的敗落》一書中說：「我小舅父四個女兒，個個漢文很好，大女兒琴姑尤其好，能看極深奧的醫書，當大哥在南京讀書時，也曾提起過，是否兩家結個親，可是那時聽得長媽媽嘰嘰喳喳地說什麼『犯沖的呢』，後來也就不提了，我大哥始終不知道這件事，而琴表姊卻是知道的，當時沒聽她說什麼（當然她也不好說什麼），後來小舅父把她許配給別人了，不久病逝，她在臨終時對服侍她的貼身媽媽說：「我有一樁心事，在我死前非說出來不可，就是以前周家來提過親，後來忽然不提了，這一件事，是我的終身恨事，我到死都忘不了。」周建人首次披露了魯瑞早年曾給魯迅提過親事，這提親的物件便是魯迅的表妹魯琴姑。

從周建人的披露可以看出，魯琴姑對周家這門親事是很滿意的，她是相中了魯迅的，如果這一門親事能成，這頗有點紅樓夢式的表兄妹之戀，可能會改變魯迅、魯琴姑兩個人的命運：魯琴姑自然不會早逝；魯迅自然也不會同朱安成婚，與許廣平同居，那部《野草》也許不會出現，一部《魯迅傳》一定是另一副模樣了。可惜的是後來這一提親便不了了之，其中起決定性作用的是魯迅家中的女傭長媽媽，她曾向魯瑞說：「犯沖的呢。」原來魯琴姑屬羊，紹興有句俗話：「男子屬羊鬧堂堂，女子屬羊守空房。」魯瑞一經長媽媽提醒，從此這件婚事再不提了，魯寄湘明白事情有變，便讓魯琴姑嫁了別人，魯琴姑不情願也無法，最後只好鬱鬱而終。魯寄湘對魯瑞的出爾反爾非常生氣，曾對他姐姐說：「難道周家的門檻那麼高嗎？我的女兒就進不了周家的門嗎？」

那個為魯迅尋來《山海經》的長媽媽，製造了魯琴姑的不幸，也改變了魯迅、魯琴姑的命運。看來，一個人在關鍵時刻的一句話（長媽媽那句話只有四個字）足以改變一件事的進程，一個人的前程乃至改變整個世界。

魯迅與魯琴姑自小應當是很熟悉的，魯迅祖父科場案發後，魯瑞帶兒子去娘家避難，住在皇甫莊的魯寄湘家達半年之久，此前和此後，每逢過年過節，魯瑞也要帶兒子回娘家探望、祭祖，應當說，魯迅、魯琴姑有較多的朝夕相處的時光的，彼時魯迅已十四、五歲，魯琴姑已十二、三歲，魯琴姑如對魯迅有意，她一定有時會不意間流露出來，十分敏感的魯迅是會覺察到的，奇怪的是，在魯迅的全部著作中，包括日記、書信等卻沒有一個字提及魯琴姑，未提及的原因是什麼呢？可能是魯迅未相中魯琴姑，上引的周建人回憶文字未提及魯琴姑的長相，魯迅是具有極高審美能力的人，如果魯琴姑長得十分出眾，魯迅會相中她的，看來她大約不夠漂亮的吧，當然這只是猜測，事實如何，不得而知，直至現在，魯迅一生隻字未提魯琴姑好像是一個令人困惑不解的謎案，也許魯迅在早年日記與書信中會有提及她的文字，只是這些早年日記與書信多散失不見，我們才見不到這樣的文字吧？！

二二、少年魯迅有過一次初戀嗎？

迄今為止，人們都認為，少年時代的魯迅並沒有什麼初戀，如果說魯迅有過初戀，那就是和許廣平的戀愛乃至結合，可是現在人們這種長期的共識有一點動搖了。2007 年第 8 期《魯迅研究月刊》刊發了著名魯迅研究專家張恩和的《魯迅的初戀》一文。張先生認為，魯迅少年時有過初戀，那就是與小舅父的大女兒魯琴姑的暗戀。從前，魯研界涉及此事時，都認為魯瑞與魯寄湘的「議婚」魯迅不知情，魯迅對表妹魯琴姑也沒有什麼戀愛之情，現在，張先生說，魯迅當時不是不知道這一議婚，而是知道這一議婚，也對魯琴姑情有獨鍾，魯迅是同意這門婚事的，「甚至是欣然接受」的。

應說當，張先生的文章是比較有煽動力的，張先生主要通過散文《阿長與山海經》及小說《在酒樓上》的抉幽發微，認為魯迅有與魯琴姑的一段戀情。上一文題我們說過，這一議婚是被長媽媽一句話給攪黃了的，長媽媽說「犯沖的呢」。原來紹興有句俗語叫「男子屬羊鬧堂堂，女子屬羊守空房。」而魯琴姑恰好屬羊，這樣這一議婚就半路夭折，不了了之了。魯迅在《阿長與山海經》中說了阿長不少好話，但對她也有所訾議，說她「愛管閒事」，「切切察察」，一肚子討人厭煩的「禁忌和禮節」。這些對阿長的非議，就可能包含著魯迅對她「犯沖的呢」一句的不滿，意思是她如果不愛管閒事，不切切察察,這個議婚可能成功。張先生以此證明魯迅有過初戀。其次是《在酒樓上》,《在酒樓上》主要寫的是呂緯甫與「我」敍談自己的初戀。呂緯甫鍾情的那個女孩叫順姑。這順姑彷彿是琴姑的影子，不但名字只差了一個字，就是死因也與琴姑相同，都是因為未能同心上人結合或家中將她許配給他人而抑鬱患病以終，如果琴姑是順姑的原型，可見魯迅不但知道這一議婚，而且魯迅與魯琴姑還是青梅竹馬、兩小無猜的一對戀人。就這樣，長期的共識被張恩和先生動搖乃至險些顛覆了。

但是，張先生的結論只是一種推論，尚非實證。這不像周作人的初戀，周作人在《談虎集・初戀》一文中，說到了他在杭州花牌樓與自己的庶祖母泮大鳳及小叔周伯升侍候祖父服刑時與鄰居姚家的三姑娘有了愛戀之情。三姑娘怎樣抱著一隻名叫「三花」的大貓看周作人在影寫陸潤庠木刻字貼。後來，這位三姑娘因為患霍亂死了，這引起了周作人的感傷與悲哀。這一真實的故事與順姑、琴姑的故事幾乎一模一樣。這是實證。可惜的是魯沒有《初戀》這樣的文章，也沒有在文章中涉及自己的初戀。這樣，張恩和先生的推論就只能是一種推論，不能坐實少年魯迅曾經有過與魯琴姑的一段戀情。現在只能說，魯迅與魯琴姑是否相戀或暗戀過，這仍然是一個謎，而且今後將永遠是一個謎。

二三、周作人從育嬰堂領來的女孩周愛貞後來的身世如何？

庚子年五月初九（1900 年 6 月 5 日）周作人在日記寫道：「於育嬰堂領一女孩，五歲，取名愛貞。」

此時紹興的周介孚家，周作人就是當家之人了，雖說這一年他才 15 足歲，他的祖父周介孚此時因科場案正囚於杭州獄中，他的父親，周伯宜已過世 4 年，他的大哥魯迅此時還在南京的陸師學堂附設的礦路學堂念書。這從育嬰堂領一女孩之事，肯定是周作人去育嬰堂領來的。但是這是誰的主意呢？大約是他母親魯瑞的主意吧。魯瑞唯一的女兒周端姑 13 年前未滿周歲時就患天花死去，她大約是想要一個女孩以解除一時的孤寂，所以才讓周作人去育嬰堂領一女孩算做自己的女兒來家撫養。周作人領一女孩之事，肯定會和在杭州的祖父，在南京的大哥通過資訊的，按理講，魯迅應當知道這件事，但是魯迅 1912 年 5 月 4 日以前的日記不存，魯迅是否知道此事，知道自己還有這樣一個乾妹妹（小魯迅 15 歲），還不能確說。

讓人不解的是，周作人此後的日記中再未提起這位周愛貞，1919 年魯迅全家從紹興遷至北京時，在離開紹興故居的家人中也沒有周愛貞的身影，周愛貞哪裡去了，是沒有養大，後來夭折了嗎？還是她長大以後嫁人了呢？無論夭折或嫁人，總該留下一點記載，這事一點記載也沒有，太奇怪了，魯迅全家離開紹興時，這位周愛貞如還活著，已是 24 歲了，如是嫁人，她嫁給了誰，婚後的景況如何，有無子女，她何時逝世的，這些都是一個個的未解之謎，不知道這一連串的謎將來能否解開，21 世紀如仍解不開，那就成了永恆之謎了。

二四、魯迅的日記體遊記《扶桑記行》哪裡去了？

魯迅 1902 年 3 月 24 日赴日本留學，4 月 4 日到達橫濱，4 月 7 日到達東京，當時即給二弟寫信，告之已達東京，13 日又寫一信，信中附有魯迅日記體遊記《扶桑記行》。這兩封信及一篇遊記如今均失。

《周作人日記》壬寅三月十六日（1902 年 4 月 23 日）記：「接大哥初六……自日本來函，內有《扶桑記行》一卷，係其路上日記，頗可觀覽。韻仙來索抄一通，予亦抄入別本，記甚長，九下鐘方竟。」在周作人《魯迅小說裡的人物・附錄一・舊日記裡的魯迅》這一則日記又有改動：「十六日：晴。下午接大哥初六日自日本來函，內有《扶桑記行》一卷，係其路上日記，頗可觀覽，抄入別冊中，記甚長，至晚九下鐘才抄竟。」周作人公開自己的舊日記作了改動：加「下午二字，刪掉魯迅發信日期和胡韻仙抄記二事。未忠實於原文，這是很不好的，周作人這則日記告訴我們，他收到《扶桑記行》後親自抄了一份，他的同學胡韻仙也抄了一份，加上原件，已有三份《扶桑記行》的相同文本存世，而且此遊記「甚長」，周作人從晚上開始抄直抄至晚 9 時才抄完。

現在這三份《扶桑記行》已渺無蹤影。這一卷魯迅寫的唯一的遊記如今還存世上嗎？已有三份文本，按理至少應留存一份，但迄今未能發現，它們哪裡去了呢？是周作人或胡韻仙把這卷《扶桑記行》弄丟了嗎？已事過一百餘年，終是不易查考。

二五、魯迅 1902 年 10 月寫的「詩兩章」哪裡去了？

目前所知，現存魯迅舊體詩共 54 題 66 首（含劉運峰先生編之《魯迅佚文全集》所收詩 4 首：《進兮歌》、《寶塔詩》、《諷王惕齋》、《代許壽裳作賀張笠舫六十壽誕詩》）。《周作人日記》壬寅年九月十七日（1902 年 10 月 18 日）記：「禮拜六。晴。上午接日本重九日（即 10 月 10 日——引者）函，內詩兩章，擬即作答。」而他的《魯迅小說裡的人物・附錄一・舊日記裡的魯迅》公示的這一則日記卻是：「晴。上午接日本重九日函，內附詩兩章。」公示文本多一「附」字，缺「擬即作答」四字。在這則公示的日記之後周作人又附言：「這詩未抄存，也不記得是什麼內容了。」這就是說，魯迅 1902 年 10 月 10 日至周作人信所附之「詩兩章」現在不但內容，就連題目也都不存，如果有朝一日發現這兩首詩，魯迅舊詩當為 55 題 68 首了。

魯迅這兩首詩哪裡去了，周作人說不清，別人更是摸不著頭腦。這兩首詩於今還存於世嗎？如存現在何處？這個謎案。可以說是永恆之謎了。

二六、魯迅寫過一首寶塔詩嗎？

上海文藝出版社 1978 年 1 月出版的《魯迅回憶錄》第一輯有一篇沈瓞民寫的文章《回憶魯迅早年在弘文學院的片斷》，文章披露了魯迅在弘文學院時期寫過一首寶塔詩的事。所謂寶塔詩，是美術體詩或實體詩之一種，以其詩行排到有如金字塔而得名，沈瓞民先生這樣說：「談到魯迅的風趣橫溢，又想起一事，東京成城學校是中國留學生學習陸軍的預備學校，進成城讀書，一定要經中國留學生陸軍監督審查批准，因此革命派的學生較少，保皇派很多，在東京滿街亂跑，學成後，回國給反動的清朝政府效勞。魯迅看了很生氣，在自修室，曾寫了些打油詩，我還記得其中一首寶塔詩：

兵
成　城
大　將　軍
威　風　凜　凜
處　處　有　精　神
挺　胸　肚　開　步　行
說　什　麼　自　由　平　等
哨　官　營　官　是　我　本　分

這首寶塔詩意在諷刺在成城學按學習的中國留學生。這一首寶塔詩是不是魯迅所作，是一個疑問。按理說，沈瓞民是魯迅弘文學院時期同一寢室，同一自修室的同學，沈瓞民的回憶應當是可信的，但是這一篇文章最初發表於 1961 年 9 月 23 日的上海《文江報》，距弘文學院院時期已是 58 個年頭了，他的回憶是否準確值得懷疑，而且迄今為止，又是 47 年過去了，其間尚無另外的材料證實魯迅寫過這首寶塔詩。無其他任何材料證實，只是沈瓞民一人之說是孤證，這樣，這一首寶塔詩是不是魯迅所寫，就很難確認了，儘管如此，筆者認為這首寶塔詩為魯迅所寫的可能性較大，因為沈瓞民此文之其他材料尚沒有證實其為不真實的，那麼，這首詩有很大可能是為魯迅所寫，只是現在尚待其他材料之佐證耳。

二七、魯迅譯作《世界史》、《北極探險記》、《物理新詮》原稿哪裡去了？

1904 年魯迅譯有三種著作：《世界史》、《北極探險記》、《物理新詮》（只譯出兩章）。1934 年 5 月 6 日他在致楊霽雲信中說：「又曾譯過世界史，每千字五角，至今不知道曾否出版。」同年 5 月 15 日在致楊霽雲信中又說：「那時又譯過一部《北極探險記》，敍事用文言，對話用白話，托蔣觀雲先生介紹於商務印書館，不料不但不收，編輯者還將我大罵一通，說是譯法荒謬，後來寄來寄去，終於沒有人要，而且稿子也不見了，這一部書，好像至今沒有人去出版過。」魯迅 1904 年 10 月 8 日致蔣抑卮信說：「前曾譯《物理新詮》，此書凡八章，皆理論，頗新穎可聽，只成其《世界進化論》及《元素週期則》二章，竟中止，不暇握管，而今而後，只能修死學向，不能旁及矣，恨事！恨事！」

關於《世界史》，魯迅云：「至今不知道曾否出版。「可見此譯稿其時仍在編輯部或某一書局，關於《北極探險記》，魯迅云是「寄來寄去」，看來寄的不止一家書局，那麼也是落在編輯們的手上。《物理新詮》只譯兩章，未譯完，此二章譯稿肯定是沒有寄出，由魯迅自己弄失的。然而，此三種譯作，如今還在世上嗎？這是一個謎。如果發現，《魯迅譯文集》重出時，全書將添新彩！可惜這三種譯作至今未發現，甚至連此三書作者之名、國籍都長期不詳，此誠為恨事！恨事！

二八、誰是所謂「漏題事件」中的寄信人和幹事？

1904 年春，魯迅從弘文學院畢業，同年秋入仙臺醫學專門學校。在這所學校裡，教解剖學的藤野教授對魯迅十分關切，給他訂正聽課筆記並告他畫血管不要只圖好看，要將位置畫準確，因為解剖學不是美術。

1905 年秋，魯迅因為學年總成績及格升入二年級，這時他所在的班級有流言了。說是魯迅解剖學考試及格（實是第一、第二學期剛及格，學年考試只 58 分，全年平均 59.3 分，成績為丁，不及格），是藤野先生在魯迅的解剖學筆記上作了特殊記號，將考題透露給魯迅了，因為這一學期的解剖學考試全班有三分之一的學生不及格，所以不及格的學生對藤野有意見，懷疑便發生了。關於這事，魯迅在《藤野先生》一文中有所披露，魯迅寫道：

> 有一天，本級的學生會幹事到我寓裡來了，要借我的講義看，我檢出來交給他們，卻只翻檢了一通，並沒有帶走。但他們一走，郵差就送到一封很厚的信，拆開看時，第一句是：——
>
> 「你改悔罷！」
>
> 這是《新約》上的句子罷，但經托爾斯泰新近引用過的，其時正值日俄戰爭，托老先生便寫了一封給俄國和日本的皇帝的信，開首便是這一句。日本報紙上很斥責他的不遜，愛

國青年也憤然，然而暗地裡卻早受了他的影響了，其次的話，大略是說上年解剖學試驗的題目，是藤野先生講義上做了記號，我預先知道的，所以能有這樣的成績，末尾是匿名。

我這才回憶到前幾天的一件事，因為要開同級會，幹事便在黑板上寫廣告，末一句是「請全數到會勿漏為要」，而且在「漏」字旁邊加了一個圈。我當時雖然覺到圈得可笑，但是毫不介意。這回才悟出那字也在諷刺我了，猶言我得了教員漏洩出來的題目。

我便將這事告知了藤野先生；有幾個和我熟識的同學也很不平，一同去結責幹事託辭檢查的無禮，並且要求他們將檢查的結果發表出來，終於這流言消滅了，幹事卻又竭力運動，要收回那一封匿名信去，結示是我便將這托爾期泰式的信退還了他們。

魯迅未說這寄信人是誰，這一位「幹事」又是誰，他們是同一人還是兩個人，我們現在所知道的當時魯迅的同班同學如年級代表鈴木逸太，同學薄場實、半谷廣男等，他們也未提到這個寫匿名信的人是誰，那個「幹事」又是誰。從那時到現在整整一百年過去了，這個謎一直無人解開。

二九、魯迅在日本仙臺醫專看的砍頭幻燈片哪裡去了？

1906 年初，魯迅在仙臺醫專的課堂上，看了一張被稱為「俄探」的中國人被日本兵砍頭的幻燈片。這張幻燈片對魯迅刺激很大，他「數月內寢食難安，曾一個人進山悲歌，枯坐思索，反復考慮救國救民的道路。」（鮑昌、邱文治《魯迅年譜》）魯迅在《吶喊・自序》中說：「其時正當日俄戰爭的時候，關於戰事的畫片自然也就比較多了，我在這一個講堂中，便須常常隨喜我那同學們的拍手和喝采。有一回，我竟在畫片上忽然會見我久違的許多中國人了，一個綁在中間，許多站在左右，一樣是強壯的體格，而顯出麻木的神情。據解說，則綁著的是替俄國做了軍事上的偵探，正要被日軍砍下頭來示眾，而圍著的便是來賞鑒這示眾的盛舉的人們。」這張幻燈片讓魯迅從此「棄醫從文」，這張幻燈片的反作用力是讓中國誕生了一個偉大的文學家魯迅。

然而迄今為止，人們並未發現魯迅當年在仙臺醫專的課堂上看到的那一張魯迅稱之為「畫片」的砍頭幻燈片。《魯迅生平史料彙編》第二輯正文前刊登了在日本仙名醫專（現日本東北大學醫學部）發現的當年放映過的 15 張幻燈片，它們是《踏查地雷的決死隊》（1，第一）、《犬竹騎兵一等兵奮戰龍王廟》（2，第三）、《勝彥市與敵人拼刺刀》（3，第六）、《破壞金州城門的決死工兵》（4，第七）、〈吉田小隊長、石田一等兵生擒敵兵十三人〉（5，第八）、《血染的命令書》（6，第九）、《決死的裸體工兵》（7，第十）、《兩士兵挺身保護聯隊長》（8，第十一）、《高橋海門艦長與艦共存亡》（9，第十三）、《吉井少尉奮戰摩天嶺》（10，第十四）、《某炮兵少尉負傷忍痛下命令》（11，第十五）、《吉川騎兵上等兵被敵軍捕獲，得到賞金》（原注：題意不明）（12，第十七）、《橋本步兵一等兵背負長官屍體作戰》（13，第十八）、《山岡看護兵光榮的戰死》（14，第十九）、《伏見若宮殿下奮勇作戰》（15，第二十）。據說這組幻燈片共 20 張，現只發現 15 張，其餘 5 張不知去向，這不知去向的 5 張幻燈片就包含了這張砍頭幻燈片。

促使魯迅棄醫從文這張砍頭的幻燈片哪裡去了呢？這是一個謎，迄今筆者見過兩張砍頭幻燈片，一是《魯迅研究資料》第 16 輯上正文前刊印的曾刊在《日俄戰爭實記》上的日俄戰爭幻燈片的廣告，其中有一張《「俄探」被斬首》的照片，還有一張是廣東教育出版社 2004 年 1 月出版的配圖本《朝花夕拾》，其中的《藤野先生》一文的配圖也有一張砍頭幻燈片。細看這兩張砍頭幻燈片，它們並不一樣，前者劊子手著上衣，後者劊子手穿白襯衫。前者圍觀的人圖片左是日本兵，右側是中國人，後者圍觀的人前面是日本兵，後面隱約可看見幾個中國人，前者眼上蒙有白布，後者所蒙白布有些向下，這兩張砍頭的幻燈片，是不是魯迅看的那一張，很難確定，筆者從《上海魯迅研究》上還知道，上海魯迅紀念館展覽大廳，也展覽著一張這樣的砍頭幻燈片，只是不知道與上述哪一幅相似或相同或與上述兩幅即不相同也不相似，是另外一種「版本」？因為未見過上海魯迅紀念館展覽的這一幅砍頭幻燈片，所以才有這樣的疑問。

筆者曾就此事致函上海魯迅紀念館館長、著名魯迅研究專家王錫榮先生，以此問題向他請教。他 2007 年 10 月 23 日回信說：「當時類似照片不少，看上去都很相似，所以也難以判斷。」筆者又致函《上海魯迅研究》責任編委、著名魯迅研究專家李浩，他回信說：「目前照片都是由日本方面找出，是魯迅在仙臺時期的卻不能明確確定是為魯迅所親見的，在找到真正魯迅所親見的照片前，我們大都用日本學者所找到的照片。」這就是說，目前所發現的幾幅日俄戰爭記實的砍頭幻燈片，尚不能確定某一幅是魯迅在仙臺醫專課堂上所親自看的那一張。所以，魯迅在日本仙臺醫專課堂上所看到的那一張砍頭幻燈片是不是已經發現了；如發現了，應當是哪一張；如未發現，那麼這一張砍頭幻燈片哪裡去了？這些都是一時難以解開的謎團，令人十分困惑。

三〇、謙少奶奶叫什麼名字？

謙少奶奶是魯迅世界的一個較為重要的人物，她是魯迅、朱安締婚的媒人，她把朱安介紹給魯瑞，造成了魯迅婚姻的不幸，真不知道這位謙少奶奶的如簧巧舌是用了什麼樣的花言巧語說動了魯瑞，鑄成了魯迅婚姻不幸的。

謙少奶奶是周伯撝的妻子，周伯撝的的小名叫「謙」，故稱她為謙少奶奶。周伯撝（1872-1932）名鳳珂，字伯撝，是周氏十三世傳人，仁房中義房的人，與魯迅的父親周伯宜是堂兄弟，他的父親周玉田是魯迅的開蒙老師，對魯迅有著不小的影響，魯迅是從周玉田那裡知道有《山海經》這本書的，周玉田的藏書為少年魯迅開啟了一片知識的新視野。周玉田與前文提到的周瓛臣、周慶祁是親哥兄弟，按小排行，周玉田為老六，周瓛臣為老七，周慶祁為老八，周藕琴（周冠五的父親）為老九。（見圖表）按輩份講，謙少奶奶是魯迅的族嬸。

周伯撝一家與魯瑞一家是近鄰，都住在新臺門，兩家就是一院之隔，相距也就是十步左右。平時，謙少奶奶與魯瑞相處極好，有時問候魯瑞的起居平安，只隔了一道院牆，語聲就能傳到，不用親登家門。謙少奶奶的婆婆人稱「藍太太」，因為周玉田小名叫「藍」，本名為「兆藍」，字為玉田，所以叫她「藍太太」。藍太太姓朱，朱安便是她的內侄孫女，這很明顯，是藍太太托兒媳謙少奶奶為朱安說媒的。魯瑞當時也太實，偏聽偏信了這位謙少奶奶的巧嘴利舌，也沒有想去相相朱安，在封建社會，男女在議婚之後是不可以見面的，也是不可以相的，但魯瑞去相卻可以，她卻沒有去相，完全信了謙少奶奶的話。待到花轎抬來，魯瑞、周作人、周建人見了朱安都大失所望，十分後悔：朱安不但個子特矮，小腳，長相也不雅，臉色黑黃，長臉，有人說是長了一張馬臉，成親當晚，魯迅哭了，第二天，他便移居別室，第四天他便與周作人一起返回日本，從此與朱安只是一種名義上的夫妻了。魯迅結婚是在 1906 年 7 月 26 日，他與朱安的這種掛名式婚姻維持了近二十年。魯迅內心的苦痛，是常人難以想像的。他結婚了，他仍是獨身一人。

這位謙少奶奶據周作人在《魯迅的故家‧阿長的結局二》中說：「謙少奶奶的母家姓趙，是觀音橋的大族，到那時卻早已敗落了。」但周作人未說她的名字，謙少奶奶叫什麼名字，百多年來無人提及，這也是一樁百年謎案了。

周氏世系（魯迅、周伯撝族系）

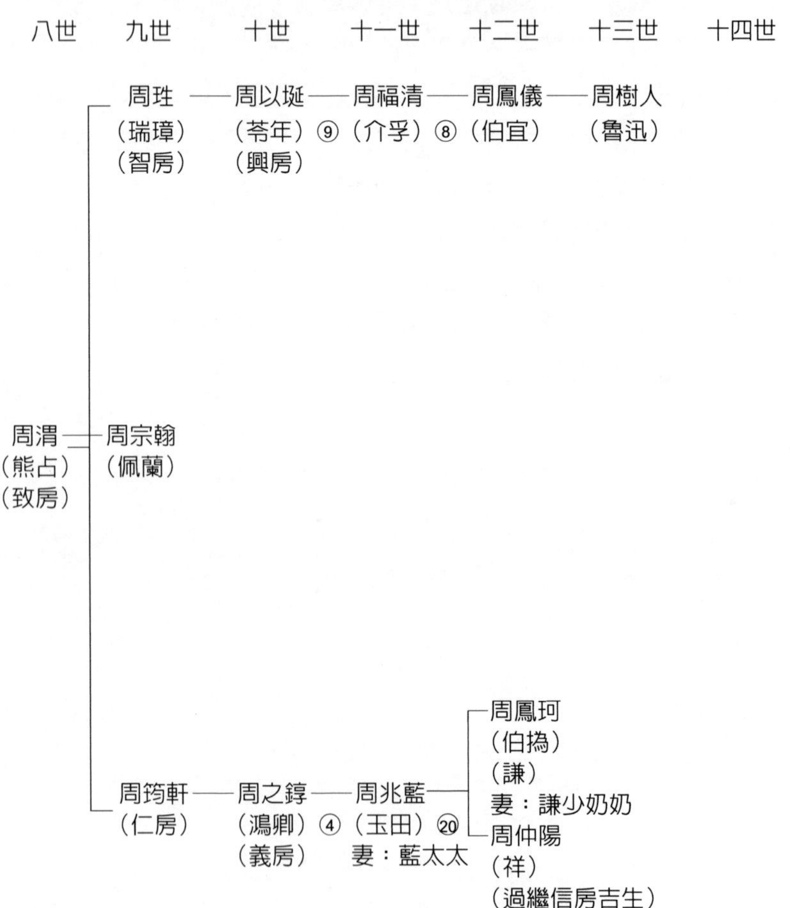

三一、魯迅譯稿《裴彖飛詩論》後半部分哪裡去了？

魯迅留日後期，留日的河南籍學生辦了一個雜誌，名字就叫《河南》。《河南》是月刊，由程克、孫竹丹主編，孫竹丹曾向周氏兄弟及許壽裳約稿，魯迅便寫了《人之歷史》、《摩羅詩力說》、《科學史教篇》、《文化偏至論》、《破惡聲論》在《河南》上發表。《河南》自 1907 年 12 月在日本東京創刊，出至 1908 年 12 月第 8 期停刊，此刊是月刊，但拖期現象嚴重，在存在的 13 個月中僅出 8 期，可以說是名為月刊有名無實了。

《河南》上還發表一篇魯迅譯稿《裴彖飛詩論》。這是匈牙利人籟息用英語寫的《匈牙利文章史》（周作人譯為《匈加利文學論》）第 27 章論匈牙利著名詩人裴多菲的。魯迅大約據日文轉譯，譯稿用文言，發表時分兩部分，前半部分刊於 1908 年 8 月 5 日出版的《河南》第 7 期，署名令飛。人民文學出版社 1959 年 1 月版《魯迅譯文集》第 10 卷收有此一譯稿的前半部分全文。但奇怪的是同年 12 月 5 日出版的《河南》第 8 期（最末一期）此譯稿的後半部分未能刊出而刊出了魯迅的《破惡聲論》的前半部分。此後《河南》即停刊。魯迅這一譯稿的後半部分直至今日仍未面世。

這一譯稿的後半部分，周作人說是「原稿也遺失了。」估計是魯迅給《河南》的是譯稿全文，後半部分因《河南》停刊，原稿存該刊編輯部，此後這一原稿便下落不明。魯迅那時還未出名，孫竹丹也不會怎麼重視這一原稿，這一原稿有可能毀於或棄於孫竹丹之手。但這只是估計，此一譯稿後半部分文字於今還存在於世上嗎？這是一個謎案，時至今日仍無人能解開這一謎案，與此相似的《破惡聲論》也未能在《河南第 8 期上刊完，此文的後半部分也不知去何。這兩個半篇文章的遺失是中國近現代文化史的一個大的損失，縱經千秋萬世也無法彌補。

三二、魯迅曾應上海哪一家大書店之考？

周作人在《魯迅的故家・魯迅與書店》披露了魯迅應上海某大書店之考的史料，他說：「……在辛亥革命之後，他同范愛農合辦師範學校幾個月，與軍政分府的金髮部下不大弄得來，就辭了職，想到上海去當編輯。他托了蔡穀卿介紹，向大書店去說，不久寄了一頁德文來，叫翻譯了拿來看。他在大家公用的沒有門窗的大廳裡踱了大半天，終於決定應考，因為考取了可以有一百多元的薪水，他抄好了譯文，郵寄上海，適值蔡孑民的信來到，叫他到南京的教育部去，於是他立即動身，那考試的結果如何也不去管它，所以沒有人記得這是及第還是落地了。」周作人說的這件事，據周作人所述是發生在魯迅辭去山會師範學堂校長職務之後的 1912 年 2 月 13 日至赴南京前，即蔡元培北上迎袁世凱的 2 月 21 日的一周之內。

但魯迅的說法與周作人的不同。他在《集外集・俄文譯本〈阿Q 正傳〉序及著者自敍傳略》中說：「我一回國，就在浙江杭州的兩極師範學堂做化學和生理學教員，第二年就走出，到紹興中學堂去做教務長，第三年又走出，沒有地方可去，想在一個書店去做編譯員，到底被拒絕了，但革命也就發生，紹興光復後，我做了師範學校的按長。」周作人說是在 1912 年 2 月 13 日至 21 日之間。魯迅說是在辭去紹興府中學堂校長職之後至辛亥革命前，即 1911 年暑期至 1911 年 10 月 10 日前，此次應考的結果魯迅自己說得十分明確：「到底被拒絕了」。即「落第」了，而不是周作人說的「及第」還是「落地」（此「地」字疑為「第」字之誤）結果不詳。現在成為謎案的是，上海這家大書店是哪一家書店？估計是商務印書館，但無實據，迄今也未發現有人確指。

三三、魯迅托杜海生轉商務印書館的譯稿叫什麼名字？

張能耿先生在《紹興魯迅紀念館館刊》第 3 期發表的一篇文章《魯迅在辛亥前後的文學活動》披露了一則史料，他轉引杜海生的話說：「我有一個本家杜亞泉一向在商務印書館做事，據錢亦塵（當年山會師範附小主任）告訴我，魯迅在山會師範時，曾有一部譯稿托我寄杜亞泉轉商務印書館，魯迅的東西新，而商務的膽子小，被退了回來，書名可記不得了。」杜海生是在魯迅之前的山會師範學校的校長，後來當過上海開明書店經理。魯迅在北京、上海時，與魯迅常見面，也有書信往還。他的回憶應是可信的。

現在我們仍不知道魯迅托杜海生轉寄商務印書館的這一部譯稿叫什麼名字，這一譯稿後來是否發表過，如是佚文其原稿又在何處，也或許是連這原稿也無影無蹤了嗎？

三四、魯迅何時在九峰草堂工作過？

九峰草堂是杭州的一處房屋，名叫九峰舊廬，亦稱九峰草堂，地點在下城區菜市橋附近的頭髮巷。原是浙江富翁王體仁的藏書樓。魯迅在 1912 年初曾在設在這裡的浙江教育司工作過，時間很短，大約只有一個月左右，然後去南京臨時政府教育部上班了。

首次披露魯迅在九峰草堂工作過的事，是魯迅的同事張宗祥。他在《回憶魯迅先生》（刊 1956 年創刊號《東海》）一文中說：「在年底（指 1911 年底——引者）時，沈約儒組織教育局，設在九峰草堂，我參加了。第二年魯迅也來杭參加了，他管的是社會教育，我管的是全省中學，相見的時候，他第一句話就說：『冷僧，我真利害，從強盜手中要出錢來，維持了中學。』（中學，是指魯迅任校長的山會初級師範學堂——引者）……因此我們相敘有一個多月，後來他被南京教育部找去了。」孫瑛先生對張宗祥的說法提出質疑。他認為張宗祥的說法是「孤證」，可能是一種誤憶，張宗祥錯把周作人的事當成魯迅的事了，周作人確曾在浙江教育司工作過一個多月。可惜的是孫先生的看法只是一種猜想，沒有實證。張宗祥與魯迅很熟，二人是浙江兩級師範的同事，「木瓜戰役」的戰友，張與周作人此前則不熟，他怎麼會把周作人當成了魯迅？再說，周作人在浙江教育局是 1912 年 6 月間的事，他是「視學」，根本不管社會教育，說張宗祥之說為誤憶不能令人信服。而且張宗祥的說法也不是「孤證」。許欽文在《魯迅在杭州》一文中說：「魯迅先生離開紹興以後，先是在杭州辦些時公事的。因為當時南京房屋不多，一時安排不好，那地點在下城區菜市橋附近的頭髮巷，叫做九峰舊廬的房屋。這是富翁王體仁（綬珊）的藏書樓，多善本地方誌」。沈尹默也說：「第一回和豫才見面，已經記不清楚，大約是辛亥革命後，我住在杭州的時候，那時從日本歸國有一批人，都到了杭州。」（《憶魯迅》、文刊 1951 年 1 卷 8 期《文藝新地》），有許欽文、沈尹默提及此事，可見張宗祥講的是並不是「孤證」，有很大可能是事實。

當然，許欽文的說法與張宗祥的說法又不盡相同，許欽文說是南京臨時政府教育部成立時，一時找不到房子，便在杭州暫借了九峰草常辦公。這事有點奇怪。南京那麼大地方，怎麼會找不到一處教育部的辦公房，偏偏到遠遠的杭州來找？南京實在找不著，也可到蘇州、揚州、上海找，為什麼偏偏捨近求遠而找了杭州的九峰在草堂？再說，浙江教育司的司長是沈鈞儒，他並不是南京臨時政府教育部的部員；周作人在浙江教育司工作過一段時間，他後來也沒有成為南京監時政府教育部的部員。顯而易見，九峰草堂絕不是南京臨時政府教育部暫借的辦公之處。

現在關鍵是魯迅在浙江教育司工作的時間問題。魯迅在《周豫才告白》中說他是 1912 年 2 月 13 日向有關方面交待了工作離開山會初級師範學堂的。據許壽裳說，魯迅是在蔡元培北上迎袁世凱前就到南京臨時政府教育部了，蔡元培北上是這一年的 2 月 18 日接受臨時大總統孫中山之委任，21 日離上海赴北京的。那麼，魯迅離開山會師範學堂到蔡元培北上迎袁只有七天時間，這七天時間魯迅是不可能在浙江教育司工作的。魯迅在浙江教育司的時間只能在這一年的 2 月 13 日之前，此時他仍是山會師範的校長。有人把魯迅在浙江教育司工作時間定為 1912 年 1 月至 2 月間，有人定為 1912 年初，這些都是模糊語言。具體是何日起何日止在浙江教育司工作，人們就說不清楚了。這也是一個謎案。自然這時已是假期，他去杭州工作一段時間，「踩點」之後再辭山會師範校長之職也不為遲。

三五、魯迅是何時到南京臨時政府教育部上任的？

目前，學術界對魯迅何日到南京臨時政府教育部上任說法混亂。

吉林大學中文系編的《魯迅年譜簡編》含糊其辭地說是 1912 年 3 月，持「3 月說」的還有復旦大學、上海師大、上海師院合編的《魯迅年譜》，王觀泉的《魯迅年譜》則定為 3 月中旬，吳海勇先生在新近出版的《時為公務員的魯迅》一書中厘定為 2 月底 3 月初。鮑昌、邱文治的《魯迅年譜》定為 2 月下旬某日。四平師專中文系的《魯迅年表》則定為 1912 年 1 月。

比較可信的是《魯迅全集‧魯迅著譯年表》的說法。定為 1912 年 2 月，魯迅博物館編的《魯迅年譜》和顧農先生則定為 1912 年 2 月 13 日至 21 日之間。因為魯迅辭去山會師範學堂校長職務是 1912 年 2 月 13 日，許壽裳說，蔡元培北上迎袁世凱前，魯迅即已在南京教育部辦公，而蔡元培北上時間是 1912 年 2 月 21 日。

這就是說，魯迅到南京臨時政府教育部上任的時間是在 1912 年 2 月 13 日至 21 日這七天之中的某一天。可是到底是哪一天呢？目前尚無人確指，這自然又是一個謎案。

三六、魯迅在夏期美術講習會的講稿《美術略論》哪裡去了？

北洋政府教育部 1912 年為提高教師綜合素質，舉辦了一個夏期講習會，講習的科目有政治、軍事、經濟、宗教、文化、教育、藝術等 30 多種，培訓對象是在職的教職人員，培訓時間是 1912 年暑假。

這次講習會邀請的主講者，都是國內名流，例如嚴複講《講化天演》，章太炎講《東方哲學》，許壽裳講《教育學》，其師資力量量雄厚、顯赫，令人刮目相看。

魯迅被邀在夏期美術講習會主講美術，魯迅自 6 月 21 日起至 7 月 17 日止共講五次。這五次講課，《魯迅日記》均有記錄。如第一次，6 月 21 日：「下午四時至五時赴夏期講演會演說《美術略論》，聽者約三十人，中途退去者五六人。」第 2 次 6 月 28 日，下午「四時赴夏期講演會述《美術略論》，至五時已。」第 3 次，7 月 5 日，「下午四時赴講演會，講員均乞假，聽者亦無一人，遂返。」第 4 次 7 月 10 日，「上午九時至十時詣夏期講習會述《美術略論》，聽者約二十餘人。」第 5 次 7 月 17 日，「上午九時至十時在夏期講會述《美術略論》初止一人，終乃十人。是日講畢。」

這五次講課，聽者最多 30 多人，最少者有時只有 1 人，而且還有一次一個人也沒有。魯迅這五次講課與他日後在北京大學、北師大、女師大講課的火爆、叫座的場面形成鮮明的對比。這主要是因為魯迅在當時還未出名，再加上北京教育部人事變動頻繁，部員人心不安定。魯迅精神是可佳的，有時一個人聽講，他也講，講的過程人數又增至十人。他的韌的戰鬥精神在這一講習會上有了淋漓盡致的表現。

魯迅這次講課講稿名曰《美術略論》。他一定是講了美術的概念與本質，美術的特徵與分類，美術的歷史、現狀與前景之類。魯迅此次講課亦屬國內一流，得到教育部的認可。可惜的是魯迅這部講稿至今無存。它們哪裡去了，沒有人說，也沒有人說得清，這應當是研究魯迅美學思想、美術觀的一個不小的損失。

三七、范愛農到底是怎麼死的？

范愛農（1883-1912）名肇基，字斯年，號靄農、愛農。浙江紹興人，生於一個破落的幕僚家庭。幼年喪父失母，從小過著獨立的生活。1905 年冬在紹興府中學堂畢業。畢業後隨他的老師、紹興府中副辦（副校長）徐錫麟一起赴日本留學。這次徐錫麟偕夫人並帶學生范愛農、陳伯平、馬宗漢，還有王金發等去日本留學原本是準備在日本學軍事的。後因日本政府不允許，便入東京物理學校。徐氏夫婦未進物理學校，旋即歸國。徐錫麟刺殺安徽巡撫恩銘被殺後，范愛農因徐案受牽連，又因學費無繼，只好離日回國，在紹興府中學堂任監學，不久，因為他的背景，在紹興府中也未站住腳，只好在皇甫莊天錫堂辦私塾，教幾個學生度日。紹興光復後，他參加了歡迎王金發隊伍進駐紹興的歡迎活動。不久，魯迅任紹興山會初級師範學堂監督（校長），魯迅聘他為監學（教導主任）。魯迅離開紹師後，他仍被新監督傅勵臣聘為監學，1912 年 5 月與何幾仲不合，被何幾仲逐出校門，從此失業。稍後，紹興《民興日報》社負責人馬可興收留他，叫他在《民興日報》社暫住，不久，又任他為《民興日報》社社外編輯，只是無工資，只供食宿，同年 7 月 10 日，與《民興日報》社同仁赴小皋埠看戲，歸來已是深夜，船行至皋平附近，他要到船邊小解。同事們勸他不要去，他不聽，又值風雨大作，他便不慎落水而亡。屍身據周作人講是「蹲踞」，而非如魯迅所說是「直立著」。

范愛農死後，關於他的死因，有了一些不同說法。

一是失足說。范愛農是因為喝醉了酒，身子不穩，加上又是在船邊小解，時值大風雨之夜，才不慎落水的。這是較流行的看法。

二是自殺說。魯迅持此說。魯迅在《范愛農》一文中就說：「我疑心他是自殺。因為他是浮水的好手，不容易淹死的。」這一自殺說不大能夠成立。人在極度絕望時才會自殺。有了工作反倒自殺，這是講不通的。所以魯迅此說不是很符合實際情形。魯迅也說：「我至今不明白他究竟是失足還是自殺。」也有人據范愛農 1912 年 3 月 27 日致魯迅信中有這樣的話：「蓋吾輩生成傲骨，未能遂波逐流，惟死而已，端無生理」。便斷言范愛農是自殺，但有自殺念頭與真的自殺中間有一個十分艱難的過程，有自殺念頭，不一定真的自殺，所以據范愛農信中的一句話，斷言范愛農是自殺，也好像缺乏一點說服力。

三是他殺說。是說范愛農正在船邊小解時，馬可興在師範學堂念書的兒子因對范愛農任師範學堂監學時管他太嚴厲，為了報復，所以乘機將他推落水中。這第三種說法是據范愛農之女范蓮子的一個口述材料，這個口述材料有很大的破綻，即馬可興與范愛農同去小皋埠看戲那一年，馬可興才 24 虛歲，他這時怎麼會有一個在師範學堂念書的兒子？人們所據范蓮子的口述材料其實並不可信。再說，范愛農死時，范蓮子才虛歲 2 歲，她不會親見自己父親落水的那一幕，只靠耳食之談、傳言是不行的。

儘管如此，范愛農之死因仍是一個謎，筆者傾向第一說，但也沒有什麼根據，只是分析而已。而有時分析是靠不住的。

三八、魯迅《異域文譚》一文哪裡去了？

《魯迅日記》1914 年 6 月 3 日記：「寫《異域文譚》訖，約四千字。」第二天日記又云：「寄許季市信並《異域文談》稿子一卷，托轉寄庸言報館人。」有人查，後來在天津出版的《庸言報》並沒有魯迅的《異域文譚》，可見此文稿未見報。令人困惑的是，事隔一年四個月零二十八天后，即 1915 年 10 月 31 日的《周作人日記》卻出現了這樣的文字：「下午由墨潤堂轉來小說月報社函並一簽，云稿收，酬十七元。」這裡所謂「稿收」即小說月報社收到了周作人在 1915 年 10 月寄出的有關古希臘文學的介紹與評論集《異域文談》一書，此書同年由小說月報社出版，書中收四篇文章，即《希臘小說一》、《希臘小說二》、《希臘女詩人》、《希臘之牧歌》。周作人在《知堂回想錄》中說：「在乙卯年（即 1915 年——引者）十月裡，將那講希臘的幾篇抄在一起，加上一個總名《異域文談》，寄信給小說月報社去看，乃承蒙賞識，覆信稱為『不可無一，不能有二』之作。」可見此書中的四篇文章是周作人抄寫的，書名也是他自己擬的，與魯迅無關，也與魯迅寫的那篇《異域文譚》無關。有人說，魯迅寫的《異域文譚》是抄的周作人文稿抄好後寄《庸言報》，該報未發，才彙總別稿成此一書，周作人此話證明此說不確。

那麼，魯迅的《異域文譚》一文哪裡去了？這一個謎案迄今無人能夠破解。

三九、周鳳升因何病而英年早逝？

周鳳升（1882-1918）本名鳳升，字伯升，入南京江南水師學堂後，由周椒生改名為文治，是周福清與章氏所生的兒子，小魯迅一歲，為魯迅的親叔，魯迅稱之為「升叔」。1893 年前，隨父母住在北京。1893 年周福清的母親戴氏病逝，周福清帶泮大鳳與周鳳升回紹興奔喪，周家人第一次見到泮大鳳與周鳳升，周氏三兄弟還向泮大鳳與周鳳升作揖跪拜。1897 年他由周椒生介紹入南京江南水師學堂讀書，進南京江南水師比魯迅早一年。1904 年水師畢業，畢業後即任聯鯨兵輪輪技正，上尉軍銜。魯瑞為其包辦婚姻，這婚姻對周鳳升說並不幸福，迄今，我們不知道他的妻子叫什麼名字，何方人氏，婚姻又為什麼不幸福？1918 年 1 月他在南京病逝，死時年僅 36 歲。

《魯迅日記》記載，魯迅於 1912 年 6 月 7 日得周鳳升信一封：「得升叔信，二日九江發。」同年 6 月 22 日又得周鳳升一信：「又得升叔信，十六日九江發。」《日記》未記魯迅覆信，看來是魯迅沒有覆周鳳升信，也沒有致周鳳升信。1918 年 1 月 27 日記：「三弟來信，言升叔歿於南京。」1918 年 3 月 10 日魯迅致許壽裳信談及周風升之死云：「家叔曠達，自由行動數十年而逝，僕殊羨其福氣。」這是《魯迅全集》中僅有的涉及周風升的四處文字。

魯迅未言明，周風升何時逝世和死於什麼病，周作人、周建人談及「升叔」的文字也未說明病逝日期和死於何病，他的妻子叫什麼名字，婚姻為何不幸福，到底他死於何時，死於何病，這些都是涉及周鳳升的幾個未解之謎。這幾個謎，不知在未來的日子能否得到破解。

四〇、「魯迅」為何又姓魯？

魯迅於 1918 年 5 月發表《狂人日記》時首次使用了「魯迅」這一筆名。

魯迅為何給自己取了這樣一個筆名？1920 年底，魯迅在與許壽裳閒聊時說自己取「魯迅」這一筆名「理由是：(一)母親姓魯，(二)周魯是同姓之周，(三)取愚魯而迅速之意。」1921 年 9 月 5 日魯迅在致宮竹心信中又說：「魯迅就是姓魯名迅。」可見，「魯迅」是姓魯的。

然而，「魯迅」姓魯的第一個理由著實有點令人生疑。

魯迅對母親魯瑞的感情基本上是好的，是尊敬的、孝敬的，但他對母親的感情好像還沒有達到親密無間的程度，而是一種「親密有間」。魯瑞一手操持，把朱安塞給了魯迅。成婚那天，據說魯迅就未同朱安同房，而是搬至另一室；第二天枕頭上濕了一大片：魯迅傷心的哭了，他十分不滿意朱安，十分不滿意這一婚姻。後來在與增田涉談話時，魯迅說：「因為是母親娶來的，所以還給母親了。」增田涉回答說：「凱撒的東西還給凱撒。」魯迅說：「對呀！」在與內山完造談話時內山問：「你在北京不是有夫人嗎？」魯迅答：「可那是媽媽的媳婦，而不是我的呀！」在與許壽裳談話時，魯迅又十分悽楚地說：「這是母親給我的一件禮物，我只能好好地供養它，愛情是我所不知道的。」這些談話清楚地表明，魯迅對自己的母親是不滿意的，是有很多明顯的怨懟的，魯迅不要朱安，或婚後，魯迅過了將近 20 年的獨居生活，這本身就是對母親的一個抗議，有如此的不滿或怨懟的情緒或情結，他怎麼可能會是因為母親姓魯而讓自己也姓魯呢？

令人頓生遐想的是，1918 年 8 月 20 日（《狂人日記》發表僅 3 個月之後）魯迅致許壽裳信，對許壽裳夫人逝世表示哀悼與慰問，信中竟有這樣的話：「人有恆言：『婦人弱也，而為母則強。』僕為一轉曰：『孺子弱也，而失母則強。』」這意思是說，夫人即然已過世了，不要過於哀痛了，這是不幸，但也是幸事，失了母親的孩子往往比有母親的孩子更為剛強與成熟。這話如果讀透一點，豈不是說：沒有母親是不幸中的萬幸，我如果沒有母親也不會有朱安這一個掛名的妻子的。據此分析，「魯迅」之所以姓魯，「母親姓魯」好像是一個托詞，「魯迅」之所以姓魯，估計與「母親姓魯」並不相干，而是與琴姑相關，因為琴姑也姓魯，這「母親姓魯」應改為「琴姑姓魯」。

魯琴姑（1883~1904？）是誰？她原來是魯迅小舅父魯寄湘的大女兒。魯瑞在給魯迅介紹朱安之前，曾想把魯琴姑說給魯迅。周建人在《魯故家的敗落》一書中談及了此事，這是此事的首次也是唯一次的披露：

看了我大哥這副失望的樣子，我想起我的表姊們來了，風俗是同姓不婚，同姓即使房份很遠，甚至並不同族，也是不能結婚的，姓不同，即使是姨表姑表，血統很近，倒是可以結婚的，還叫做親上加親。我小舅父四個女兒，個個漢文很好，大女兒琴姑尤其好，能看極深奧的醫書，當大哥在南京讀書時，也曾經想起過，是否兩家結個親，可是那時聽得長媽媽嘰嘰喳喳地說什麼「犯沖的呢」，後來也就不提了，我大哥始終不知道這件事，而琴表姐卻是知道的，當時沒聽她說什麼（當然她也不好說什麼），後來小舅父把她許配給別人了，不久病逝。她在臨終時對服侍她的貼心媽媽說：「我有一樁心事，在我死前非說出來不可，就是以前周家來提過親，後來忽然不提了，這一件事，是我的終身恨事，我到死都忘不了。」

後來這位媽媽把琴表姊臨終的話講給我母親聽，我母親聽了，低下頭來，半天沒有作聲的。

為什麼此事不提了？原來琴姑屬羊，當地有一種說法：「男子屬羊鬧堂堂，女子屬羊守空房。」魯瑞一聽長媽媽的話，此事就擱起了，後來魯寄湘不明就裡，還氣憤地質問過他的姐姐：「難道周家的門檻那麼高嗎？我的女兒就進不了周家的門嗎？」從這一未成的婚事，筆者認為「魯迅」之所以姓魯，大約與魯琴姑有關。

有什麼根據嗎？當然有的。

魯迅的外婆家在安橋頭。安橋頭是在紹興東北 35 華里的一個小村，魯迅的外祖父魯晴軒在世時，魯瑞每逢年節總要帶孩子回家看望父母，魯琴姑比魯迅小兩歲，魯迅來到安橋頭，自然是認識魯琴姑的，也有可能常在一起玩耍，是真正的青梅竹馬。後來魯家因嫌安橋頭的房子小，便移家至紹興東 30 華里的皇甫莊，1893 年秋，魯迅祖父科場案發，父母怕連及孩子，讓他們去皇甫莊外婆家避難，此時魯晴軒已過世，魯迅與周作人去了，魯迅在大舅父魯怡堂家住，周作人在小舅父魯寄湘家住。這年底，魯家兄弟分家，大舅搬至距紹興東 20 華里的小皋埠，外婆與小舅父又搬回安橋頭。魯迅便隨大舅一起住在小皋埠，雖說此時與魯琴姑是分開了，但在皇甫莊時魯迅與魯琴姑卻是常見面的，此時魯迅 12 周歲，魯琴姑已 10 周歲了，說不定，彼此間的感情萌發可能是有的。

另外，周建人生於 1888 年，小魯迅 7 歲，他小魯迅 7 歲，對於此事卻知道得這樣清楚，說魯迅直至逝世不知道此事，大約是不太可能的。魯迅在北京的頭幾年，他的小舅父來北京謀職，在北京待了兩年半。後尚有書信往還，直至小舅父 1917 年病逝，這些往還均在《狂人日記》發表之前。舅甥二人有時相敘數小時，在這樣的交談中，他們不會不說及魯琴姑。小舅父也有可能將當年提婚之事以及魯琴姑之死告訴魯迅。所以，魯迅應該是知道當年母親為自已說魯琴姑之事的。在魯迅的文字中，魯迅隻字不提魯琴姑，不說明他不知道此事，只能說明他要把此事永遠埋藏在心靈的深處，因為人已死了，而且是為自己而死的，提及此事也毫無意義了，魯迅之不說，恰從反面證明他有可能鍾情於魯琴姑，以自己筆名姓魯，也算是對魯琴姑的一個紀念，對一個不幸的女孩子的紀念。

當然，這只是推論，沒有實證，而且永遠找不到實證，那取「魯迅」為筆名的第一個理由是不是「琴姑姓魯」也還是一個謎，這一謎案大約永遠也解不開了。

四一、魯迅《紅笑》未完譯稿哪裡去了？

《紅笑》是俄國著名作家安德列耶夫（魯迅譯為安特萊夫）的中篇小說，寫於 1904 年 11 月 8 日。魯迅 1909 年 4 月翻譯這部中篇，但未譯完。這時正是他與周作人合譯的《域外小說集》出版之時，1909 年 3 月出第一輯，同年 7 月出第 2 輯，魯迅原先是想繼續出的，說是要出至第七輯，不久因為《域外小說集》第 1、2 輯滯銷，資金無法周轉，第 3 輯以後的《域外小說集》出版之事便擱淺了。估計《紅笑》譯稿是準備出《域外小說集》第 3 輯用的，第 3 輯出不成，這譯稿也就只好中途罷筆。

列昂尼德・尼古拉耶維奇・安德列耶夫（1871-1919）是俄國 19 世紀末 20 世紀初的重要作家。魯迅、周作人合譯的《域外小說集》收有魯迅譯的他的《謾》與《默》。魯迅還是十分喜歡這一位俄國作家的，他對安德列耶夫時有好評，《紅笑》是一部反戰的小說。在安德列耶夫的筆下，戰爭殘酷得令人髮指，令人震顫。《紅笑》共分兩個部分，由 19 個片斷組綴而成。第一部分含九個片斷。這一部分寫小說主人公，一個沙俄青年軍官的故事。他應徵入伍，他所在的部隊在打了敗仗後撤時，已經三天三夜沒吃沒喝沒睡的。疲憊已極的隊伍就這麼不停地走著，不時有人倒下死掉，沒有人管，隊伍仍不停的這麼走著，第三天發現後撤之路被敵軍堵住了，於是雙方展開一場慘絕人寰的屠殺。子彈、榴彈雨點般地落入人群中。不少的人倒下了，一個戰士向「我」報告，說首長懇求他再堅持幾個小時，不久援軍會到的。青年戰士微笑著，這時一顆子彈打在戰士的臉上，鮮血立時噴湧，於是在「我」的面前，映出了一副美麗的紅笑面孔，就這樣，這個青年戰士倒下了。突圍的部隊剪斷敵人的鐵絲網，斷了的鐵絲網翻卷起來，竟把三個戰士卷了進去。戰士越掙扎，鐵絲的尖刺越往肉裡紮，三個戰士竟被捲起的鐵絲網活活扎死。突擊部隊剛一行動，有人掉進插了尖木楔的溝中，掉下去的人正在痛苦掙扎，後續的人不知情，一個接一個地掉下去，於是後掉下的人把先掉下去的人牢牢壓住，一條壕溝上戰士們掙扎亂動的手與腳就像無數的「蝦螯蟹足」擺動不止。一條壕溝就這樣被填平了。一列火車在慢慢地行進。它時走時停，為的是將倒在鐵軌上的屍首由車上人將他們推下路基；收容鐵路附近的傷患，一路上不知推下路基多少死屍，也不知收容了多少傷患，車上的床位已被傷患占滿了。「我」參加了這次救助傷患的行動。一個多月後，「我」在一次戰鬥中，炸彈炸傷了「我」的雙腿，「我」被截肢了。「我」就這樣死裡逃生復員回家了。在家中「我」感到無限幸福，儘管他失去了雙腿，成了殘廢，但他還活著。他原來便喜歡文學，於是「我」在自己的書房中開始寫作了。寫作讓他充滿了彌滿天上地下的幸福感——截去了雙肢的人竟這樣幸福。小說的第二部分共 10 個片斷，是「我」的弟弟的口吻。這一部分交待哥哥最後寫個沒完沒了，他一天寫呀寫呀，甚至筆沒水了也寫，紙上儘是一些道道杠杠也寫。——哥哥瘋了，不久，哥哥死去了，戰爭就這樣奪去了一個青年人的生命。

《紅笑》在我國據知有三個譯本，一是梅川（王方仁）譯《紅的笑》，1930 年 7 月由商務印書館出版，一是鶴西（程侃聲）、駿樣譯本，發表處不詳。2000 年 12 月譯林出版社出有靳戈譯安德列耶夫小說集《紅笑》，其中收有中篇《紅笑》的全譯本。

魯迅未完譯稿《紅笑》並未出版。有人說，《域外小說集》中收有魯迅譯的小說四篇，即《謾》、《默》、《紅笑》和迦爾洵的《四日》，這種說法是不對的，《域外小說集》中沒有《紅笑》。魯迅在《關於〈關於紅笑〉》一文中說：關於《紅笑》「自己曾經譯過幾頁，那預告，就登在初版的《域外小說集》上，但後來沒有譯完，所以也沒有出版。」可見魯迅《紅笑》譯稿是未完稿，也沒有發表過。

魯迅未完成的譯稿《紅笑》手稿哪裡去了，至今是一個謎案。一百多年來，也沒有人探索過這個問題，大約是魯迅那時因為《域外小說集》第 3 集出版的事擱淺，又值不久魯迅即歸國，所以這部未完成的譯稿還留在東京吧——他大約沒有把它帶回國內。

四二、魯迅求學時期的日記為何不見？

我們現在所能見到的魯迅日記，只是收在《魯迅全集》中的魯迅 1912~1936 年這 25 年的日記，此外的魯迅日記，我們現在是見不到的。

但是我們知道，魯迅在三味書屋念書和在南京求學期間也寫有日記，據周作人日記正月十四日記：「下午，兀坐，撿大哥舊日記觀之，內記小姑母忌，特錄之：光緒二十年甲午八月初十日。」（此段引文原無標點。光緒二十年甲午八月初十日，即 1894 年 9 月 9 日，這一天，魯迅的小姑母死於產褥熱，生子亦死）周作人的話表明，魯迅有求學時期的舊日記，1951 年 4 月 30 日周作人在《亦報》上發表《魯迅的舊日記》一文，他說，魯迅在日記所記小姑母忌，「大抵是日後追記，亦當在壬寅（1902 年——引者）以前，若是甲午當年的日記，那更有意義了。魯迅在家裡被族人所壓迫的時候，曾記其事入日記中，可以推知丙申、丁酉間確是有的，但往日本時大概未曾帶去，當是留在鄉下家裡……」周作人這段話也告訴我們，魯迅舊日記當起於丙申（1896 年），終於赴日本留學前，但周作人的話也暗示，「大抵是日後追記」也是一句模糊語言，如果魯迅所記小姑母忌在「大抵」之外，不是「日後追記」，而是記於他們的小姑母逝世當天，那麼魯迅求學時的日記當可提前兩年，即提前至 1894 年，即使按 1896 年起算吧，魯迅求學時的日記也記了 6 年；若是以 1894 年算起就有 8 年了，這些日記都散失了，只在《周作人日記》中保存了魯迅舊日記的唯一句話：「光緒二十年甲午八月初十日。」

那麼，魯迅求學時期的日記都哪裡去了？這是一個謎案，據周作人說，「當年是留在鄉下家裡。」1919 年 12 月魯迅舉家北遷時，曾將舊書等裝滿了三大箱，寄存在好友、同事張梓生先生小皋埠楊浜村的老家裡，這些舊日記可能也在其中。1953 年 3 月 6 日紹興魯迅紀念館據許廣平提供的《紹興存件及付款薄》，到楊浜村取回這些存書，這些存書有魯迅少年時讀過的《花鏡》、《二樹山人寫梅歌》及南京術學時期的手寫講義《開方》、《開方提要》、《幾何學》、《八線》等，就是沒有魯迅的舊日記，然而這些舊日記都哪裡去了呢？誰也不知道。它們難道會毀於魯迅自己之手，誰也說不清。

四三、周氏兄弟是怎麼知道李定夷剽竊《樂人揚珂》之事的？

周允中先生在 2005 年第 4 期《魯迅世界》上發表一篇文章《李定夷剽竊〈域外小說集〉的辯正》。周先生在文中介紹了如下一些情況：李定夷曾把周作人譯的顯克微支《樂人揚珂》署上自己的名字一字不易地登在他任編輯的《小說叢報》上，平襟亞據魯迅寫的《域外小說集序》中提及李定夷剽竊《樂人揚珂》一事「不勝憤慨」的話語推測這親自去《小說叢報》社找李定夷理論並當切撕下一百冊《小說叢報》中《樂人揚珂》一文中的人可能是魯迅；陸大光在近年發表的《魯迅對街文抄公》一文則肯定這撕下一百冊《小說叢報》的人就是魯迅。

周允中先生據李定夷在《小說叢報》任職時間是 1914 年 5 月到 1915 年 3 月，而這期間魯迅並未到過上海的事實，否定了撕毀一百冊《小說叢報》的人是魯迅之說，這自然是對的，但周先生也學著平襟亞來推測說，這撕刊之人可能是周作人。雖說周先生已留有餘地，說自己只是「推測」、「聊備一說」，可事實證明，周先生的推測肯定也如平襟亞一般的錯了。

周作人在他提及《域外小說集》的文章中從未說他曾去上海撕過一百冊《小說叢報》的事，就是周先生在他的文章中提到的「當事人魯迅和周作人」對此事的「說明和反映」中也沒有隻言片語提到撕下一百冊《小說叢報》的事。撕毀一百冊《小說叢報》這應當是一件不大不小和值得大書特書的事，周作人在文章中未提及，可見周作人沒有撕過一百冊《小說叢報》。

周先生是據《魯迅日記》否定了魯迅撕刊之事，那麼我們來看看《周作人日記》是否有此撕刊之事呢？筆者查 1914 年 5 月至 1915 年 3 月這 10 個月的《周作人日記》，也未發現有周作人自己記的撕毀一百冊《小說叢報》的記載。這期間，周作人唯一提到《小說叢報》是 1914 年 8 月 17 日記：「上午同重久往大街，買小兒用包等。又《小說叢報》（三），一本，至會一轉。」這一本《小說叢報》（三）是在紹興大街上買的，而不是在上海買的，此日及稍後的日子均沒有他發現李定夷了剽竊他的譯作《樂人揚珂》的記載，更無他撕毀一百冊《小說叢報》的記錄。

周先生在文章末尾提及可能是周作人撕毀一百冊《小說叢報》是據《魯迅日記》1914 年 7 月 30 日日記：「晨得二弟信，言重久已到上海。」所以推測可能這是周作人到上海去接羽太重久，順便去了《小說叢報》社，撕毀了一百冊《小說叢報》。筆者查《周作人日記》，1914 年 7 月 27 日周作人，確實到了上海去接妻弟羽太重久，我們看這一天周作人的日記：「……下午一時抵上海，雇馬車至虹口閔行路東洋旅館，晤重久君，同出至吳淞路、蓬路買點心、雜物。在日本堂買《藝術・革命》……《理想鄉》各一冊，又木屑製筆筒一個，予喬風，晚在族館餐，為豐丸買……面具各一。十時半睡。」第二天日記：「七時乘馬車，同重久至車站乘車。下午一時十分抵南星渡江……」這兩天周作人在上海的日記根本沒有周作人去《小說叢報》社或在該社撕刊的記載；而且 27 日下午日程安排很緊湊：下午一時到上海見重久，然後同去吳松路買東西，又去日本堂買書等。晚在旅館用餐，飯後又去買東西，18 日十時即乘馬車離寓到車站乘火車，日程如此緊促，根本沒有去《小說叢報》的時間，所以可以肯定周作人此次去上海並未去《小說叢報》社撕刊。自 1910 年 5 月至 1915 年 3 月這李定夷在《小說叢報》任職的 10 個月之中，這是周作人唯一一次的上海之行。

那麼 1915 年 4 月以後至《小說叢報》停刊的 1919 年 5 月之前，周作人是否有可能去上海撕刊呢？讓我們來看一下，在這四年之中，據《周作人日記》查，周作人共去了 6 次上海，第一次是 1915 年 7 月 17 日至 19 日送羽太重久返日本，周作人送他至上海；第二次是 1917 年 3 月 30 日至 31 日周作人赴北京工作途經上海；第三次是 1918 年 6 月 22 日至 23 日回紹興探親途經上海；第四次是 1908 年 9 月 5 日至 8 日送重久返日同時自己返京途經上海；第五次是 1919 年 4 月 2 日至 4 日回紹興途經上海。第六次是 1919 年 4 月 16 日至 18 日攜妻子羽太信子及 3 個孩子赴日本途經上海。這 6 次周作人的上海之行無一處寫及赴《小說叢報》社撕刊之事。如果這 6 次上海之行的某一次，周作人確實親自到《小說叢報》社撕過一百冊《小說叢報》，周作人是會記下的，連去街上買點心這樣的芝麻小事日記都無遺漏，對這樣的撕刊壯舉，周作人焉有忘記，失記或不記之理？日記中無此撕刊記載可證明絕無此撕刊之事。所以我們可以肯定地說：「無論是李定夷在《小說叢報》時或離開《小說叢報》之後，周作人都沒有去上海撕過一百冊《小說叢報》。」

況且，只要認真分析一下，撕刊之說也破綻百出：周氏兄弟儘管當時尚未出名，絕不會如此小氣要親自到上海去撕刊；《小說叢報》編輯部又不是櫃檯，幹嘛擺著一百冊《小說叢報》讓人撕，即使是售刊部吧，擺在櫃檯上的也就是幾本樣刊，幹嘛要擺上一百本；《小說叢報》社的人就眼睜睜看著來人撕刊而不管不問嗎？而撕毀的又不是幾冊，而是一百冊，這一百冊《小說叢報》幾分鐘撕不完的，而且怎麼會有人點數，剛好是一百冊才罷手？可以明確地說：撕刊之說絕不是事實，而是有人編造的一個美麗而荒誕的天方夜譚，平襟亞、陸大光就是那個給國王講故事的宰相的女兒山魯佐德，儘管講的是有枝有葉，天花亂墜，可他們講的是傳說、故事，不是事實。

但是，從魯迅的《域外小說集序》來看，周氏兄弟是知道李定夷剽竊《樂人揚珂》之事的，周氏兄弟是何時知道的，怎麼知道的，《魯迅日記》和《周作人日記》均無記載，也未見其他方面的相關資料，這可是一個十分令人費解的世紀之謎了。

四四、魯迅當過一把槍手嗎？

沈家駿先生在 1988 年出版的《紹興魯迅研究專刊》總第 7 期上發表一篇文章《魯迅應許壽裳請代作的五言詩》，認為下面的一首沒有題目的五言詩是許壽裳為慶賀姐夫張笠舫六十大壽時請魯迅為之代筆的。魯迅為許壽裳當過一把槍手。這首詩在劉遠峰先生編的《魯迅佚文全集》做為「附錄四」予以收錄，加了題目，為《代許壽裳作賀張笠舫六十壽誕詩》，繫年為 1920 年，顯然，劉運峰先生認為這一首五言詩為魯迅所作。此詩全文如下：

迤邐謝公塢，煙竹富青春，
由來山水窟，篤生清異人。
詩書含久味，桑柘樂長勤，
平生慕遠大，志不在飽溫，
飽溫亦細故，生理是餘緡，
優遊閒歲月，豈其無懷民。

見義無不為，垂老氣彌勇，
蒼鬢六十翁，談笑何飛動。
纓冠與閉戶，適應異輕重，
弦歌振寂寞，綱紀飭衰冗。
指囷不讓魯，涼席或如孔，
深仁志覃壽，龍虎謝鉛汞，
吾姊工持家，內外清可喜，

兒長能讀書，女大勤絲枲。
超宗既鳳毛，嵩顥亦千里。
君但捻髭笑，消領家庭味。
何況華堂上，茱彩競娛戲，
同聲祝強健，歡噪斯揚觶，

出門不覺遠，卅載塵涴侵，
偶然一回首，故鄉深復深。
夢尋煙水色，眷戀親舊音，
亦有榴紅酒，緬邈何由斟，
贈言重於玉，明德式如金，
晚節益遒茂，期以松柏心。

沈家駿先生在此文中介紹此詩的詩本事時說：這首詩是許壽裳先生請魯迅先生代筆的，又由沈尹默先生寫成詩軸，從此做為對張笠舫六十大壽的賀禮比送錢送物都顯得十分貴重。這話自然是對的。但是讀罷沈先生此文，筆者覺得沈先生之說尚缺乏證據。沈先生只是說，這首五言詩是許壽裳請魯迅代筆的，他未提出任何實證材料來證明這首詩為魯迅所寫。沈先生在文中提到許魯二人友誼之深，在為文上有相互切磋之事，但這不能證明這首詩就是魯迅寫的。沈先生還提到，上一世紀四十年代後期，他曾與張笠航先生的兒子張嘯凡說及此事，張嘯凡先生只是說：「在析產時曾將這類書畫分與後人保存，當時有陳半丁、陳師曾等名家作品都在其中。」張嘯凡先生並未提到沈尹默寫的這一詩軸，也未談及這首五言詩，更未說這首五言詩是魯代筆的。沈先生後又與許壽裳先生的姨甥王堃生談及此事，王堃生也只是說：「在一次壽慶裡，確有多於往常經手轉去的東西，從外地轉來的賀禮，這詩軸可能也在其中。」也未說這首五言詩是魯迅代筆的。

沈先生自己也說：「此詩魯迅先生與許壽裳先生均未說及。」不止是魯許二人沒有提及，就是所說的代寫詩軸的沈尹默先生也未提起過這件事。所以，這一首五言詩是否為魯迅所寫，現在來看還找不到任何證據，甚至連孤證也沒有。僅是沈家駿先生說這首五言詩為魯迅所作是不行的，是缺乏說服力的，然而儘管如此，沈先生提出這首五言詩為魯迅佚詩的問題，又為魯迅世界增添了一宗謎案，這首五言詩是不是魯迅寫的，魯迅是否為許壽裳當過一把槍手也就是一個謎了，這宗謎案也不是那麼好破解的，因為當事之人魯迅、許壽裳、沈尹默都已過世，而這首五言詩原件也一時找不到，結論便難下了。

四五、魯迅怎樣稱呼阿 Q？

阿 Q 的名字怎麼讀，現在並不統一。電視連續劇《阿 Q 的故事》讀成阿貴（阿 gui）；而此片中的假洋鬼子卻讀成阿 kiù，我們現在也有了不少人讀成阿 kiù，這是因為 Q 字的英文讀音為阿 kiù；現在還有人讀成阿 qiù，這是將 Q 字看成是中文拼音字母中的 Q，這第 3 種讀音肯定是錯的，因為魯迅那時並沒有現在的中文拼音方案，那時通行的是注音符號，注音符號用的不是「洋字」，而是漢字的偏旁。現在人們打樸克，還稱帶 Q 的一張牌為「圈」，一直沒有聽人們叫阿 Q「阿圈」的。如果有，這該是一則難得的相聲材料了。

那麼魯迅自己怎麼稱呼阿 Q？是念成阿 gui 還是念成阿 kiu？這是真的成了問題。據《阿 Q 正傳》，第一章序說：阿 Q 活著的時候，人都叫他阿 Quei，「我曾經仔細想：阿 Quei，阿桂還是阿貴呢？」從這段話來看，魯迅好像是叫他阿貴的，可是 Quei 按譯字讀音應是「潰」，怎麼會是「貴」或「桂」呢？難道紹興人都將「潰」音讀成「貴」或「桂」嗎？不得而知，然而魯迅在與葉永蓁談話時又說：「阿 Q 光頭，腦後留著一條辮子，這 Q 字不就是他的形象嗎？」魯迅說的阿 Q 的名字是用了「洋字」的，魯迅懂得一點英文，他會知道這「Q」字母在英文是讀作 kiù的，如此說來，魯迅稱呼阿 Q 可能是讀做阿 kiù，因為阿 Q 名字的文本不是阿 Quei，而是阿 Q。阿貴還是阿 kiù，魯迅到底將阿 Q 念成什麼音？這是一個謎。葉永蓁是聽過魯迅稱呼阿 Q 的名字的，可惜他沒有特意說明魯迅是怎樣稱呼阿 Q 的。

四六、住在魯迅家的日本少年米田剛三為什麼不見魯迅提起？

俄國有一個著名的盲詩人愛羅先珂曾在 1922 年 2 月至 1923 年 4 月在魯迅的八道灣 11 號住所住過，魯迅與愛羅先珂過從甚密，寫過以他為題材的小說《鴨的喜劇》，還翻譯過愛羅先珂的童話劇《桃色的雲》。愛羅先珂在來中國之前，曾在日本流浪，後被日本驅逐出境，他才來到中國，住魯迅家。

陳福康先生有一篇文章叫《住在魯迅家的日本少年》（刊陳福康編譯藤井省三著《魯迅比較研究》，1997 年 3 月上海外語教育出版社出版），寫了一位住在魯迅家的日本少年米田剛三的故事。陳福康先生說：愛羅先珂的童話十分有名氣，讀者甚歲，日本廣島中學有一個學生叫米田剛三的讀了愛羅先珂的童話十分著迷，很崇拜愛羅先珂。及至愛羅先珂被逐出日本國境，他便不顧一切地，連家人也不告訴一聲，便獨自一人來中國尋找愛羅先珂。他身無一文，一路靠打工掙錢乘船來到朝鮮，在朝鮮，他在碼頭當過煤炭裝卸工，在玻璃廠當過工人，還在中國瀋陽賣過香煙，他就是這樣地吃盡了不少辛苦，終於在 1923 年 3 月左右到了北京，在北京大學找到了愛羅先珂，他一見愛羅先珂便說：「如果找不到您，我就把《天亮前的歌》一書中您的像片撕碎了咽下肚子，然後去自殺。」愛羅先珂一開始懷疑他是日本當局派來監視他的特工，讓他暫時住在日本牧師清水安三家中，後來清水安三夫人瞭解，這是一個愛好文學的誠實的孩子，愛羅先珂才打消了顧慮，讓他住到魯迅家中，主人還單騰出一個房間讓他一個人住，在與愛羅先珂在一起的日子裡，他記錄了愛羅先珂口述的《紅的花》，愛羅先珂付給他一定的報酬，就這樣，他在魯迅家中住了一個多月，同年 4 月 16 日與愛羅先珂一起乘同一列火車離開北京。米田剛三到天津後直返日本，愛羅先珂則自天津乘船，經大連，符拉迪沃斯托克回到了俄國。

米田剛三在他的自傳《奮鬥》中曾提起到北京尋找愛羅先珂的經過和住魯迅家的事，但是他說對魯迅並無印象，只記得周作人有一個日本老婆。另外，日本偵探機關也有關於米田剛三的檔案，上面有「來北京的廣島市中學生米田」一句的記載，藤井省三還曾就他住魯迅家一事去信詢問過他，他說確實在魯迅家住過，但因當年年僅十五六歲，又事隔太久，記憶已十分模糊了，記不起見過魯迅的事。

米田剛三住魯迅家約有一個多月，令人奇怪的是，魯迅在日記或其他著作中從未提起過米田剛三，周作人的日記或其他著作中也從未提起過他。米田剛三是與愛羅先珂一起乘同一列火車離開北京的，魯迅曾到車站送行，這送的應是兩個人，而魯迅這一天日記只提了一句：「愛羅先珂君回國去。」，根本未提米田剛三，這是一個謎，難道是因為米田剛三是小孩子才不提及他嗎？魯迅日記中連幾歲的兩個弟弟的小女兒都提起過，為什麼不提這位米田剛三？或許是米田剛三住魯迅家的事是子虛烏有嗎？這事真十分蹊蹺。米田剛三 1906 年生於美國洛杉磯，後來成了著名的國際社會活動家、日本工人運動理論家，美國共產黨黨員，擔任過美共的日語機關報《勞動新聞》的主筆，1942 至 1945 年間在美軍情報部工作。1957 年任國際裝卸工人、倉庫工人組織的負責人，著作有《美國日本工人史》（1967）、《美國的另一面》（1978）、《奮鬥—美籍日人革命家 60 年的軌跡》（1983）。現在是否在世不詳。

四七、魯迅是否和怎樣「調戲」了羽太信子？

周氏三兄弟從小親情怡怡，十分相得。相得到什麼程度，周氏三兄弟在一起商量，長大後永不離開，組織一個大家庭，侍奉老母，共用天倫之樂。可是想不到，到了 1923 年事情發生了變化。

周氏三兄弟自紹興遷居北京後，先是住在八道灣 11 號，八道灣 11 號位於北京西直門內公用庫附近，是一個大院套，由座北朝南的三棟房子組成。魯迅一開始住中院西廂房，即後來作為周作人書房的那個「苦雨齋」，後又改住南房中間的那個房間，魯瑞和朱安分別住中間和西間和東間，後房則是周作人夫婦、周建人夫婦的住處，周作人住西間，周建人住中間，吃飯時先是魯迅一家在一起，周作人和周建人兩家在一起，後來許羨蘇入住八道灣，住後房的東間，吃飯時許羨蘇和魯迅家在一起，魯迅則到後房與二弟、三弟兩家一起用餐。這一改變為日後兄弟失和埋伏下了一個隱患。

1923 年 7 月 14 日《魯迅日記》出現了這樣一句令人驚訝的話：「是夜始改在自室吃飯，自具一肴，此可記也。」原來是在後房與二弟、三弟兩家在一起用餐，現在改在南房自己居室中獨自用餐，這表明周家大院裡發生了什麼變故。緊接著，7 月 19 日《魯迅日記》又出現了這樣的字樣：「上午啟孟自持信來，後邀欲向之，不至。」這表明周氏兄弟發生衝突了。周作人到南房給魯迅一封信，信封上寫「魯迅先生」。信的文本是這樣的：

魯迅先生：

我昨日才知道，——但過去的事不必再說了。我不是基督徒，卻幸而尚能擔受得起，也不想責難——大家都是可憐的人間，我從前的薔薇的夢原來都是虛幻，現在所見的或者才是真的人生，我想訂正我的思想，重新入新的生活，以後請不要到後院裡來，沒有別的話。願你安心，自重。

七月十八日，作人。

這是一封絕交信。主要意思是魯迅做了對不起他的事，告訴魯迅今後不要到周作人一家的住處，魯迅讓用人齊坤傳話，叫周作人來南房說個明白，周作人「不至」，魯迅忍無可忍，只好決定遷出八道灣。7 月 26 日由許欽文、許羨蘇介紹去磚塔胡同看屋，8 月 2 日攜朱安遷居磚塔胡同 61 號，在磚塔胡同住了近 10 個朋友，至 1924 年 5 月 25 日又移居西三條胡同 21 號。6 月 11 日魯迅隻身一人來到八道灣取什器、書籍等，與周作人夫婦發生正面衝突。這一天《魯迅日記》寫道：「下午往八道灣宅取書及什器，比進西廂，啟孟及其妻突出罵詈毆打，又以電話召重久及張鳳舉，徐耀辰來，其妻向之述我罪狀，多穢語，凡捏造未圓處，則啟孟救正之，然終取書器而出。」據章廷謙說，周作人還拿起一個尺把高的獅形銅香爐要砸魯迅，幸虧被章廷謙搶下，避免了流血事件的發生，二周衝突已到了白熱化的程度。這次衝突是魯迅與二弟的最後一面，從此便兄弟參商，未見過一次面，即使有這機會，二人都竭力避開，在路上偶遇，一人也要繞道而行，而且二人還在文章中互相攻訐，只是魯迅相當克制，而周作人甚為放肆，直至晚年他也未能改變對魯迅的敵意，雖然他寫了不少回憶性文字，也有歌頌魯迅的地方，但這都是為文賣錢，生活所迫。

原來是兄弟怡怡，十分親和，現在鬧到如此地步，原因何在？王錫榮先生在《兄弟參商為哪般》一文歸納了目前流行的幾種說法。一是經濟說。是說周作人之妻羽太信子持家奢糜（她是八道灣周家大家庭的當家人），弄得魯迅須向人借貸供其揮霍，魯迅提出勸告，引發信子不滿，信子從中挑撥，所以衝突發生了。二是調戲說。這是信子直接和章廷謙說的，說魯迅調戲她。信子是二周失和的關鍵人物，她的話值得特別關注。三是窺浴說。是說信子在室內沐浴，魯迅來到後院西間隔門而窺。四同聽窗說。是說魯迅在作人夫婦居室窗前偷聽，引起信子不滿。五是拆信說。這是與魯迅關係頗為密切的荊有麟說的，荊有麟是聽魯迅說，有一次來了給周作人的一封信。原先是兄弟之間不分彼此，常合寫一信或共收一信，魯迅覺得拆開看看沒有什麼，可是周作人惱了，說：「你怎麼好干涉我的通信自由呢？」六是廣告說，這是日本人清水安三講的，說是周作人的兒子死了，周作人在報紙上發表一個致北平衛生局的「呈文」，指斥日本醫生誤診殺死了他的兒子，魯迅看了此「呈文」，即所謂的「廣告」十分惱怒，於是二人絕交。王先生還歸納了一種「懼內說」，是說周作人怕老婆。但這一說法不應成為一個原因單列，因為如果只是怕老婆而無信子挑唆，兄弟二人絕不會失和，這一說法與上述六個說法比較，不是一種並列關係，「懼內」須通過信子的挑唆才會起作用，使「懼內說」單列沒有意義。事實證明，在這個問題上，周作人不是「懼內」，而是它完全相信信子的胡言亂語。正因為完全相信，所以他的表現比信子為過，竟然操傢伙要打哥哥；所以他恨魯迅直至終生。

王錫榮先生否定了前六種說法的後四種是基本可以說得通的，所謂「廣告說」，實在弄錯了人和時間。周作人不是死了兒子，而是死了女兒，這便是周若子，若子死於 1929 年，此時兄弟參商已 6 個年頭，清水安三真的是有點糊塗了。「拆信說」也不合情理，如果只是拆信，怎麼會鬧到終生絕交，「動如參與商」的地步，此說明顯是因果不當。魯迅之所以向荊有麟如此說，恐怕也是一種隨便說說罷了的搪塞之詞，荊有麟有點過於認真了，「聽窗說」是不可能的，因為作人夫婦窗前有一道土溝，還種了不少高高的花木，人無法近前。唯「窺浴說」王錫榮先生也給否定了，筆者覺得此說作為一種說法有保留的價值，周海嬰先生持此說。王錫榮反駁說，如果日本人以前有異性沐浴不避忌的習俗，信子、作人知道大哥窺浴絕不會大驚小怪，而他們居然大驚小怪，這不合情理。而筆者覺得，在魯迅可能以為這是一種日本習俗，不算什麼，可在信子來說，她已經住在中國，入地隨俗，她要從中國的習俗，所以大伯子看見她沐浴，她不會容忍，這也可說得通。那麼，周氏兄弟反目到底為何，筆者以為，王先生說得對，無疑是為了經濟問題，還有為了信子父母來八道灣定居問題，魯迅反對信子父母來八道灣定居，雙方已經彼此不滿了。「調戲說」只是一個契機、藉口，可能這種「調戲」壓根兒就不存在，是信子無中生有，藉此趕走魯迅以獨霸八道灣和接來自己的父母。《魯迅日記》便說是信子「擔造未圓處，則啟孟救正之」，可見「調戲說」大約是信子的一個「捏造」。也可能是 1923 年 7 月 14 日下午魯迅去後房用餐時，周作人不在場，無意間冒犯了羽太信子，這可能是一個誤會。或許是一種不意之間的話語的走格或舉止的碰觸，在魯迅為無意，在信子說是有意。（生活中這類事也是常有的）而她正要趕走大伯子，這正是一個難得的機會，管他有意無意，給他個下馬威再說，於是發作了，魯迅回自己的南房用餐，信子忍了三天，在 7 月 17 日才向周作人「舉報」。

我們現在應當說，信子要分家單過或接父母入住，這一個要求是正常的，合情理的，縱觀中國現當代家庭，在一起過的「大家」

已不復存在，兄弟們結婚前，無論怎樣友好，結婚後，他們都把自己的「小家」看得重，在一起過沒有不「兄弟鬩於牆」的。據周海嬰在《魯迅與我七十年》中記載，魯迅逝世後，許廣平搬至霞飛坊，因為過於冷清，曾請求周建人一家搬來與自己和海嬰同住。這樣，周建人一家就搬來霞飛坊，兩家在一起開夥，可是住了一段時間，磕磕碰碰的事不斷。因為吃飯、沐浴、自行車等問題，王蘊如有些不滿。一次周海嬰用了一下王蘊如借來的自行車，還有一個海嬰的「搭檔」也跟著玩。王蘊如十分生氣。正在周海嬰玩得高興時，王蘊如竟從周海嬰手中奪下了自行車，讓周海嬰十分尷尬與掃興。不久，周建人便對許廣平說，夏丏尊那邊有空房，夏先生怕冷清，要周建人搬過去作伴，許廣平只得唯唯，後來對海嬰歎口氣說：「我們難道不怕冷清，不需要陪伴？」信子把自己的父母招來八道灣，也是一種對父母的孝心，當代家庭有多少，父母只能住女兒家呢？這件事信子沒有做錯，所以在分家問題上過多責備羽太信子，其實是不對的。1923 年 7 月不分，以後也要分，早晚不等。這是一個鐵律，也是沒奈何的事，問題是羽太信子的手段有些離譜，她嚴重傷害、侮辱了魯迅，也為日後周作人的墮落傳留了一個家庭的基因。

我們應當說，在兄弟失和的原因方面文壇是基本弄清楚了的。經濟問題是根本的原因，「調戲」云云，只是一個契機，藉口而已，那麼在這個問題上，謎案在哪裡呢？那便是調戲的有無核調戲的細節。魯迅怎樣「調戲」了羽太信子，是用話語還是用舉止？這個細節沒人會弄清楚，而且今後也永遠弄不清楚。這是因為周作人夫婦早經離世，而《周作人日記》1923 年 7 月 17 日這一天所記又被周作人「用剪刀剪去原來所寫的字，大概有十個左右。」這是周作人在《知堂回想錄》《不辯解釋（下）》中說的話，他還說：「關於那個事件（指『調戲』事件——引者）我一向沒有公開說過，過去如此，將來也是如此。」周作人不想說，可見這個「調戲」細節使他難為情，所以他剪掉了日記中原來寫的字，所以他終生都不想說，因此，羽太信子所說的魯迅「調戲」云云只是一個契機藉口而已。那麼在這個問題上謎案在哪裡呢？那便是調戲的有無和調戲她的細節《周作人日記》中那十個左右剪下的字到底是什麼字便成了千古之謎，不，簡直就是永恆的絕世之謎了。

四八、魯迅「自具一肴」之前，周家發生了什麼事情？

1923 年 7 月 14 日魯迅在日記中寫道：「是夜始改在自室吃飯，自具一肴，此可記也。」意思是說：「今天晚上開始改在自己居室用餐，自己備了一道菜，這件事可以把它記下來了。」

上文（指本書《魯迅是否和怎樣「調戲」了羽太信子》一文）說過八道灣 11 號周家寓所概況，從這可以明顯看出，周家寓所是相當豪華、氣派、闊綽的。蔡元培先生就曾說過，八道灣 11 號寓所是豪華的，它在一個大院套內有 3 棟座北朝南的房子。前一棟稱「前罩房」，除一過道，共 8 間房子，東頭 2 間為用人住房，或稱「門房」，西頭 3 間為庫房，中間 3 間為魯迅書房兼臥室，就是魯迅寫《阿 Q 正傳》的那間房子，「前罩房」北有一個中院，東頭 3 間廂房為廚房，西頭有西廂一間，川島曾在這裡住過，中院西頭，那一間西廂北又是 3 間廂房，魯迅一開初在這裡住過，後來周作人將這裡闢為「苦雨齋」，是周作人讀書，寫文章和休息的居室。中院兩側共 7 間廂房。中院北側一棟正房是「中罩房」，中間是餐廳，東頭 2 間為朱安居室，西頭兩間為魯瑞居室，約合 6 間，後院北是所謂「後罩房」，共 9 間，每一住室為 3 間房，西邊 3 間為周建人一家居室，東頭 3 間是客間，愛羅先珂、米田剛三、福岡誠一在這裡住過，他們走後，許羨茨住在這裡，這些房子加在一起正好是 30 間，如此住房，能說不豪華，氣派，闊綽嗎？

2005 年版《魯迅全集》說，八道灣 11 號寓所「中罩房」的餐廳是周家全家人在一起用餐的地方。這種說法實際不對。據許羨蘇回憶，她住進八道灣 11 號之前，周家人分兩處用餐；魯瑞、魯迅朱安在「中罩房」餐廳用餐，周作人、周建人兩家則在「後罩房」一起用餐，許羨蘇來後魯迅自己便一個人到「後罩房」與二弟三弟全家人一起用餐。許羨蘇則和魯瑞、朱安一起用餐，周作人 5 天后給魯迅的「絕交信」，也只是告訴魯迅以後別到「後罩房」用餐了，根本沒有逐大哥出八道灣 11 號之意。

1923 年 7 月 14 日晚，魯迅改在自室用餐，即在他的南書房中用餐。這事表明，這天晚上或中午，周家發生了什麼事情，發生了什麼事情呢？5 天之後，周作人到「前罩房」將那封「絕交信」交給魯迅，這表明 7 月 14 日晚的魯迅「自具一肴」與兄弟失和之事有關，但是具體說是發生了什麼事，人們就不清楚了，它成了一個曠世紀之謎。當然我們可以推測，這天晚上或這天中午，魯迅去「後罩房」吃飯時，羽太信子對魯迅發難了。大約當時周作人不在場，因為如果他在場，那封「絕交信」不可能在 5 天後，即 7 月 19 日才送到南書房，肯定要 7 月 19 日之前送達，例如在 7 月 16 日或 17 日等。當時周建人也不在家，他在上海商務印書館編譯所工作呢。這一發難的具體細節沒有任何人提起過，而且當事之人都已作古，這一謎案是千年萬載也解不開了。

四九、二弟來信都哪裡去了？

魯迅給二弟周作人的信，《魯迅全集》發表了 18 封，然而據《魯迅日記》，魯迅致二弟信至少尚有 401 封未被發現，那麼，魯迅收到二弟來信有多少呢？據《周作人日記》和《魯迅日記》查，應為 485 封。發信詳情是這樣的：從《周作人日記》查，知發致大哥信共 82 封，具體說就是：

1898 年　9 封（1897 年前無日記）
1899 年　11 封
1900 年　15 封
1901 年　16 封
1902 年　15 封
1903 年　11 封（1903 年 5 月至 1904 年《日記》改為紀事體，無發大哥信之記錄）。
1904 年　0 封
1905 年　5 封（該年缺 4-12 月日記）。
1906 年　0 封（該年僅有 11-12 月日記，無發大哥信之記錄）
1907-1912 年　0 封（此期間日記未存）。

據《魯迅日記》查，1912 年 5 月 5 日至 1923 年 7 月 19 日魯迅共收二弟信 403 封，詳情如下：

1912 年	15 封
1913 年	36 封
1914 年	84 封
1915 年	98 封
1916 年	106 封
1917 年	25 封
1918 年	0 封（與弟在一起）
1919 年	8 封
1920 年	0 封（與弟在一起）
1921 年	30 封
1922 年	0 封（與弟在一起）
1923 年	1 封（「絕交書」）

出於兄弟二人《日記》有失存和失憶等原因，魯迅收二弟信當不止 485 封，有人估計為 600 多封，這估計可能更接近於實際數字。

我們就以這 485 封信估算，這也是一個小小的數字，如出《周作人全集》，此給大哥的信可印成一冊半書，可惜的是，現存二弟來信僅存 1923 年 7 月 18 日寫的那一封「絕交書」，其餘 484 封皆不存，這些信都哪裡去了，是一個疑問了，是兄弟失和後，魯迅一氣之下將二弟來信付之一炬了嗎？恐怕未必，因為如何付之一炬，為什麼那封「絕交信」反倒留存下來？是魯迅自八道灣 11 號搬出後未帶出這些信，這些信後來復歸於周作人之手？這也只是一種猜測。這些信未存或未被發現的秘因，現在沒有人能說清楚了。

五〇、周作人通過誰將馮省三薦給中山大學？

在 2006 年第 12 期《魯迅研究月刊》上，散木先生發表了一篇文章《也說「北大講義費風潮」——兼說蔡元培的「小題大作」和魯迅「即小見大」以及馮省三其人》。文章最末一段提到馮省三被北大開除後，「1925 年『世專』停辦，此後的馮省三其人，更無人知其下落矣。」這句話，讓我也覺得是這樣的：的確，馮省三以講義費風潮主謀的罪名被北大開除後的行蹤，未見有人提起過，這未見有人提給了我一個直感：此人怕早已不在人世了吧。

有人說，直感有時還真的很準。這話不假。

讀完散木先生的文章，我便給自己找事做：查一查馮省三此後的行蹤，他是否已經早死了，什麼時候，怎麼死的。萬一能查到呢，也算破了魯迅世界一樁謎案。

於是先查 2005 年版《魯迅全集》中「馮省三」的詞目。一查，果然令我喜出望外。《魯迅全集》第 1 卷第 430 頁注文云：「馮省三（1902-1924）山東平原人，當時北京大學預科法文班學生。」我知道《魯迅全集》第 1 卷的注釋修訂者是孫玉石先生。孫先生治學嚴謹，這個注釋該不會有錯。而此前各版《魯迅全集》對「馮省三」之注均無生死年限。可見這一生死年限是孫玉石先生加的。確實我的直感沒錯，馮省三在 1924 年就已經死了。他在 1924 年 4 月 5 日從魯迅那裡借了二元錢後不久就去世了。難怪此人此後未見有人提起。

但是，馮省三到底死在 1924 年 4 月 5 日至年底的哪一天？怎麼死的？這兩個問題從孫玉石先生之注找不到答案。於是再查。

我知道，散木先生之文提到，馮省三與周氏兄弟有交往。對，查周作人的文章，看能否找到線索。手頭無《周作人全集》，有一套鍾叔河編寫的《周作人文類編》，十大卷，查起來頗費力，還是先查周作人的《知堂集外文·（亦報）隨筆》。此書有一文，名《講義風潮》。查到後，讀下去。真是未等腳上穿鐵鞋，得來全不費功夫。此文也是最末一句：「不久廣州中山大學要請世界語教員，我薦他（指馮省三——引者注）前去，他也很願意，可惜去了不到一年，就生腥紅熱死在那裡了。」這就是說，馮省三 1924 年因患猩紅熱病死在廣州，其時馮省三已是廣州中山大學世界語教員了。可是周作人在這裡未說馮省三辭世之日期。我想，他的日記會記的吧。於是去查周作人日記。在《魯迅研究資料》第 19 集上找到周作人 1924 年的日記。好嘛，收穫頗豐；只見有三則關於馮省三的記載；1924 年 5 月 28 日記：「為省三寄稿往商務。」此文「省三」肯定是馮省三，寄馮省三的什麼書稿未記。可見他 1924 年 5 月 28 日還在世；1924 年 6 月 17 日記；上午得廣州鄒君電，云省三刪病故，為登報轉告廣州，這死者無疑就是馮省三了。周作人接電後，在報上登了啟事，意在告知馮省三家屬馮省三病逝的消息。這裡，在「省三」二字之後有一「刪」字。「刪」為舊時電報代日韻目中之一目，為 15 日。據此可知，馮省三逝世日期為 1924 年 6 月 15 日。1924 年 8 月 5 日記：「省三之兄馮學彥君來訪。」馮學彥訪周作人，可能與馮省三辭世之事有關，大約是為了向周作人表達對馮省三知遇之恩的一點謝意吧。可是話說回來，周作人如不把馮省三薦到廣州去，馮省三可能也不會如此暴死。馮省三逝世時年僅 22 歲。

這樣，問題就基本解決了。馮省三是因患猩紅熱於 1924 年 6 月 15 日在廣州逝世。然而，小的懸念還是有的。周作人日記未記向中山大學推薦馮省三之事，周作人是通過誰推薦馮省三的呢，是不是就是那個拍來急電的「鄒君」？這位「鄒君」又是誰，有一個人叫鄒魯，1924 年任中山大學校長。不知是不是他？有可能是他。但這只是一種推測，不是實證。所以周作人是通過誰推薦馮省三去中山大學工作？是不是鄒魯？日記中的「鄒君」是否也是鄒魯？仍是一個未解之謎。

五一、集成國際語言學校成立於何時，是什麼性質的學校，地址在何處？

魯迅於 1920 年 12 月至 1926 年 8 月先後在北京八所大中學校教課，這八所學校是北京大學、北京師範大學、北京世界語專門學校、集成國際語言學校、黎明中學、大中公學、中國大學、北京女子師範大學。這些學校，除集成國際語言學校，其餘七所，對它們的創辦時間、所任校長、學校性質、地址等都弄清楚了，唯獨對集成國際語言學校，至今沒有弄清楚。顧明遠、俞芳、金鏘、李愷等著《魯迅的教育思想和實踐》（人民教育出版社 1980 年 12 月版）一書中便有這樣的話：「這（指集成國際語言學校——引者）是一所什麼性質的學校，魯迅在該校講過什麼課，應誰邀請而去，何以離開等等，至今未能弄清，這是魯迅先後任教過的十四所學校中唯一沒有搞清的一所學校。」

據《魯迅日記》，魯迅在集成國際語言學校講課共七次，這便是 1924 年 5 月 8 日（「午後往集成國際語言學校講」）、5 月 15 日（「晴，午後風。往集成學校講」）、5 月 22 日（「午後往集成學校講」）、5 月 29 日（「午後往集成學校講」）、6 月 5 日（「午後往集成學校講」）、6 月 12 日（「午後往集成學校講」）、6 月 26 日（「午後往集成國際語言學校講」）、的七次講課。這七次講課是每週一次，時間是週四下午。6 月 19 日課因魯迅請假，故缺課一次。

關於集成國際語言學校的謎案，在上世紀八十年代初就存在。2005 年版《魯迅全集》對「集成國際語言學校」一條的注釋仍含糊不清，只說「集成國際語言學校日記又作國際語言學校、集成學校、集成校。魯迅於本年 5、6 月間在該校兼課。」很明顯，該版《魯迅全集》的注釋者，對有關集成國際語言學校成立的時間、終止的時間、誰人任校長、學校性質、誰請魯迅講課、魯迅講的是什麼課、其校址在何處等諸多疑問均回避了。二十五年過去了，有關「集成」的謎案一個也未解決。這是很奇怪的事。

五二、ZM 是誰？

1925 年 3 月 8 日，《京報副刊》發表了 ZM 寫的一篇文章《魯迅先生的笑話》。這篇文章主要是記錄了魯迅在北京師範大學國文系上課時講的一段話，ZM 覺得這段話說得非常好，於是將這段話抄寫下來並寄《京報副刊》。當時的《京報副刊》主編孫伏園為謹慎起見，曾致函魯迅請求證實。魯迅回信說，這段話是他在課堂上講的，這樣 ZM 的文章連同魯迅先生的覆信便在 1925 年 3 月 8 日的《京報副刊》上登了出來，後魯迅之覆信並 ZM 之文均收入 1958 年及以後各版《魯迅全集》中。ZM 之文全文如下：

> 讀了許多名人學者給我們開的必讀書目，引起不少的感想；但最打動我的是魯迅先生的兩句附注，他說：
>
> 少看中國書，其結果不過不能作文而已。但現在的青年最要緊的是「行」不是「言」。只要是活人，不能作文算什麼大不了的事呢。
>
> 因這幾句話，又想起魯迅先生所講的一段笑話，他似乎是這樣說：
>
> 講話和寫文章，似乎都是失敗者的徵象。正在和命運宣戰的人，顧不到這些，真有實力的勝利者也多不做聲。譬如鷹攫兔子，喊叫的是兔子不是鷹；貓捕老鼠，啼呼的是老鼠不是貓；鷂子捉家雀，啾啾是家雀不是鷂子。又好像楚霸王救趙破漢，追奔逐北的時候，他並不說什麼；等到擺出詩人

> 而孔，飲酒唱歌，那已經是兵敗勢窮，死日臨頭了。最近像吳佩孚名士的「登彼西山，賦彼其詩」，齊爕元先生的「放下槍桿，拿起筆桿」，更是明顯是例子。
>
> 他這一段話，曾引起我們許多人發笑，我把它記在這兒。因為沒有請說的人校正，錯誤的地方就由記的人負責罷。

可是這位 ZM 是誰呢？2005 年版《魯迅全集》第 3 卷第 191 頁注[1]云：「ZM，當時北京師範大學學生。」同書第 8 卷第 168 頁注[2]云：「按 ZM，係北京師範大學學生，原名未詳。」

筆者曾經認為：這位 ZM 就是陳凱。因為陳凱字仲模，筆名梓模，ZM 就是仲模或梓模兩個名字英文拼寫的字頭；而且據馬子華先生說，陳凱也是師範畢業生。這樣，ZM 幾乎就是陳凱了。

然而一看陳凱的生年，就覺得有些不對。陳凱生於 1911 年，死於 1931 年。如說在 ZM 就是陳凱，那麼，他在北京師範大學念書寫《魯迅先生的笑話》時才只有 14 周歲。14 歲時就是北師大學生了，陳凱又不是什麼神童，這幾乎不可能。這樣，筆者原來的認定就站不住腳了。這個 ZM 不是陳凱，而是另有其人。

那麼，ZM 到底是誰呢？這只能是一個謎案了。說老實話，《魯迅全集》這類「未詳」的謎案太多了，不能盡述；僅此一例，可見魯迅世界的謎案實在不可勝舉。

五三、羅曼・羅蘭評《阿 Q 正傳》原信何以失蹤？

魯迅 1926 年 2 月 20 日收到了一封寄自法國里昂的署名敬隱漁的來信。這封來信告訴魯迅，寄信人用法文翻譯了魯迅先生的《阿Q 正傳》，事先未征得先生的同意，術恕罪；說《阿 Q 正傳》得到法國大作家羅曼・羅蘭的好評，羅曼・羅蘭擬將法譯《阿 Q 正傳》發表在羅曼・羅蘭和他的友人合辦的雜誌《歐羅巴》上；敬隱漁還介紹了羅曼・羅蘭對《阿 Q 正傳》的簡要評論。與此有關的內容，敬隱漁的來信是這樣說的：

> 魯迅先生：
>
> 我不揣冒昧，把尊著《阿 Q 正傳》譯成法文寄給與羅曼・羅蘭先生了。他很稱讚，他說：「……阿 Q 傳是高超的藝術底作品，其證據是在讀第二次時比第一次更覺得好。這可憐的阿 Q 底慘像遂留在記憶裡了……」（原文寄與創造社了）羅曼・羅蘭先生說要拿去登載他和他朋友們辦的雜誌《歐羅巴》。我譯時未求同意，恕罪！幸而還未失格，反替我們同胞得了光彩，這是應當告訴而感謝您的。我想您也喜歡添了這樣一位海外知音。
>
> ……

敬隱漁是將羅曼・羅蘭評《阿 Q 正傳》的資訊及文本通報魯迅的第一人。上引敬隱漁來信是我們探求羅曼・羅蘭評《阿 Q 正傳》

原信下落的最原始、最本初、最權威的文本。我們詮釋羅曼・羅蘭評論《阿 Q 正傳》的文本及探求羅曼・羅蘭原信的下落，只能據敬隱漁的來信而不能求諸他文，更不可以意為之，節外生枝。

關於羅曼・羅蘭評《阿 Q 正傳》原信，魯迅於收到敬隱漁第一次來信的 7 年之後，即 1933 年 12 月 19 日在致姚克的信中又一次談到了（第一次談及約在 1931 年或 1932 年與增田涉私下談話中）羅曼・羅蘭評《阿 Q 正傳》原信，他說：「羅蘭的評語，我想將永遠找不到。據譯者敬隱漁說，那是一封信，他便寄給創造社……。」這當是敬隱漁在致魯迅的另一封信中說的話。敬隱漁在第一次來信中說那是「原文」，即法文原文，沒有說那是信，這次是明說那是一封信；不過敬隱漁第一次來信也說的是信，只不過是沒有點明而已。我們看他第一次來信說：他的譯稿是「寄與羅曼・羅蘭先生了」，這是郵寄，而不是「面呈」。既是郵寄，那麼羅曼・羅蘭平《阿 Q 正傳》的話肯定是回信中的話，這回信是給誰的，當然是給敬隱漁的，絕對不是給魯迅的，羅曼・羅蘭收到敬隱漁來信及所附《阿 Q 正傳》法文譯文，不給敬隱漁覆信而給魯迅回信，這於理講不通。

這件事情，除敬隱漁致魯迅信最為權威之外，親眼見過羅曼・羅蘭這一回信的敬隱漁的留法同學也應當是權威的人證。敬隱漁第一次致魯迅信寫於 1926 年 1 月 24 日，一個月又九天後，即 1926 年 3 月 2 日，《京報副刊》刊登了柏生（即孫伏園）的《羅曼・羅蘭評魯迅》一文，此文發表了全飛（孫伏園之第孫福熙）寄自法國的一封信，信中有一段談及此事：

> 魯迅先生的《阿 Q 正傳》，由一位同學敬君翻成法文，送給羅曼・羅蘭（Remain Relland）看，羅曼・羅蘭非常稱讚，中有許多批評語，可惜我不能全記，我記得的兩句是：C，est un art realiste D,ironeje……La figurt miserable d,ahQ reste toujour dans le scuvenir（這是充滿諷刺的一種寫實的藝術。……阿 Q 的哭臉永遠留在記憶中的）。

這是我國文壇首次得知羅曼・羅蘭稱讚《阿 Q 正傳》的信息。信中引述的羅曼・羅蘭評語與敬隱漁第一封致魯迅信對《阿 Q 正傳》的評語所述完全一樣，（中文文本不同是由於兩個譯者譯文的不同所致）。此信還附有羅曼・羅蘭的法文原文，這可以看成是羅曼・羅蘭評論《阿 Q 正傳》的部分原文文本。全飛來信說羅曼・羅蘭的評語是他特意用腦子記下來的。只是聽，大約記不清楚；若是看才能記得全些。這一段法文表明，全飛是看了文字材料才用腦子記下來的，那麼這個文字材料應當就是羅曼・羅蘭覆敬隱漁的原信。全飛見過這一封原信。孫福熙與敬隱漁是留法同學，他的話是可信的。還有一位與敬隱漁是留法同學的林如稷也見過這一封原信。林如稷明確說：「我記得敬隱曾把羅曼・羅蘭的回信給我看過。」林如稷是在回答戈寶權徵詢時在一封信中寫下這一句話的。我們且看這一封信的部分原文：

> 關於羅曼・羅蘭對《阿 Q 正傳》的評語問題，我記得敬隱漁曾把羅曼・羅蘭的回信給我看過，羅曼・羅蘭在信中除說決定把《阿 Q 正傳》介紹給《歐羅巴》登載外，還有幾句短短的評語：「這是一篇富於諷刺的現實主義傑作。阿 Q 的影像將長久留在人們的記憶裡……在法國大革命的時期，也有類

> 似阿 Q 的農民……」據敬隱漁那時說，他已為此事寫了一篇短文寄與上海創造社，內中主要是談他譯《阿 Q 正傳》和羅曼·羅蘭通信中對他的譯稿的評語。後來敬隱漁因此文未見登出，到巴黎後見著我時也發過牢騷……

這裡，林如稷翻譯出來的羅曼·羅蘭對《阿 Q 正傳》的評語，與敬隱漁、孫福熙的只是譯文的不同，意思是一樣的，就是多了「在法國大革命的時期，也有類似阿 Q 的農民」一句。至此，我們可以說，這三位留法學生：敬隱漁、孫福熙、林如稷都是見過這封羅曼·羅蘭評《阿 Q 正傳》原信的，羅曼·羅蘭的評語是在給敬隱漁覆信中的一段話，這一評語絕不會很長，只能是三言兩語，他們引述的，特別是林如稷引述的，應當就是羅曼·羅蘭評《阿 Q 正傳》的全部文本；其中孫福熙還引述了這一評語的法文文本。我們可以這樣說：羅曼·羅蘭是在給敬隱漁的覆信中順便評論了一下《阿 Q 正傳》，這一評語文本及其法文原文，我們已經見到了它的全豹。我們還可以這樣說：羅曼·羅蘭覆敬隱漁評《阿 Q 正傳》的原信是一個客觀的存在，不承認這一原信的存在是沒有任何道理的。

當然，事情出現了波折。敬隱漁「原文寄與創造社了」一句，魯迅據敬隱漁來信說的羅曼·羅蘭的信「寄給創造社」了一句，還只是在通信中說及，沒有向文壇公開出來。1932 年增田涉寫了《魯迅傳》（經魯迅過目）在日本的《改造》雜誌上發表，首次向文壇公開了創造社扣壓羅曼·羅蘭評《阿 Q 正傳》原信的事件。當時郭沫若並未留意。1935 年增田涉這一《魯迅傳》被譯成中文，發表在這一年新年號的《臺灣文藝》上，《臺灣文藝》編者還特意把這一期刊物寄給了郭沫若，郭沫若一看此文十分生氣，便寫了一篇批駁文章，發表在 1935 年 2 月 1 日出版的《臺灣文藝》上。增田涉在《魯迅傳》中涉及創造社的原話是這樣說的：

> 他的《阿 Q 正傳》被翻譯於法國，而登載在羅曼·羅蘭所主宰的《歐巴羅》……這一個大文豪的盧蘭，對他—魯迅特寫了一篇很感激的批評，寄給中國去然而很不幸，那篇歷史的批評文字，因為落於和魯迅抗爭之「創造社」的手裡，所以受他毀棄，那就不得發表了。

郭沫若文章的主要意思是：絕無創造社扣壓毀棄羅曼·羅蘭原信之事，「創造社絕不曾接受盧蘭的那篇歷史的批評文字。」魯迅逝世時，郭沫若寫了《墜落了一個巨星》，發表在《東京帝大新聞》上，再一次為創造社辯解。1947 年許壽裳寫了《亡友魯迅印象記》一書，說魯迅和他說過，羅曼·羅蘭這一封信給魯迅的信是被創造社「抹煞」了。郭沫若看了許壽裳的書，又寫了《一封信的問題》，發表在 1947 年 10 月 18 日出版的 2 卷 1 期《人世間》上，再次否認創造社扣壓或毀棄了原信。郭沫若的否認其實沒有任何說服力。1926 年的創造社正處於自己發展的第二個時期，這時創造社的業務主要有周全平、倪貽德負責。1926 年 3 月郭沫若離開上海到廣州去了。因此，創造社如扣壓，毀棄了羅曼·羅蘭的原信，郭沫若也不可能知情。所以有人稱郭沫若的批駁文字是「護短」，「無的放矢」，這大約是符合實際情形的。

對這一紛爭進行實事求是性探索並取得了重要突破的是戈寶權、林如稷、魯歌等人，戈寶權在 1981 年出版了他的《〈阿 Q 正傳〉在國外》一書，對此問題做了必要的、令人信服的澄清。戈寶權指出，羅曼·羅蘭評《阿 Q 正傳》的原信是寄給敬隱漁的，不是寄給魯迅的。戈寶權還引述了他徵詢得到的林如稷的來信。這一封來信已見前文。林如稷的信證明了羅曼・羅蘭的原信是寫給敬隱漁的，上面有關於《阿 Q 正傳》的評語。林如稷信也說明，敬隱漁寄給創造社一篇短文，這篇短文主要意思是說羅曼・羅蘭評《阿 Q 正傳》之事和對他《阿 Q 正傳》法文譯稿的評價。魯歌先生在《關於羅曼・羅蘭評〈阿 Q 正傳〉》的一封信的問題》（刊《魯迅研究動態》1984 年第 2 期上）坐實了創造社確實扣壓了羅曼・羅蘭評《阿 Q 正傳》的原信。他的主要依據便是敬隱漁第一封致魯迅信中的話：「原文寄與創造社了」。他說，這「原文」便是那封羅曼・羅蘭原信，而這封原信是寄敬隱漁的，不是寄魯迅的。事情至此，基本上可以說真相大白了。

現在事實已很清楚，敬隱漁是在 1926 年 1 月 24 日給魯迅寫信前，已給創造社寄了兩樣東西，一是一篇短文，一是一封羅曼・羅蘭給他的評《阿 Q 正傳》的原信。但是這兩樣東西是什麼關係，戈寶權、林如稷、魯歌都沒有涉及，彷彿文章和信時兩碼事。筆者認為，敬隱漁在寄一篇短文的同時，又寄了羅曼・羅蘭給他的原信。這兩樣東西是一起寄的，或許就是封在一個信封裡寄出的。所以敬隱漁說：「原文寄與創造社了」，用了一個「了」字，表明這個「寄」字是一個完成體動詞，表明他 1926 年 1 月 24 日寄給魯迅信之前此文與信已寄創造社。可能的作法是敬隱漁在文中介紹了羅曼・羅蘭評《阿 Q 正傳》的法文原文並中文譯文，為了印證這一評論的真實性，他同時附了羅曼・羅蘭的原信。這種作法和我們現在一些作法有些相近，為了證明文中涉及問題並非虛妄，往往同時附有複印的實證材料；那時沒有複印技術，所以只好寄原件了。

敬隱漁的短文和羅曼・羅蘭原信後來不見刊於創造社當時的刊物《洪水》上。為什麼未刊出，羅曼・羅蘭這封原信哪裡去了？這是一個謎案。估計有幾種可能，一是此文與信寄去了，創造社未收到。王錫榮先生在《羅曼・羅蘭致魯迅信哪裡去了》一文中說，敬隱漁第一封致魯迅信於 1926 年 1 月 26 日發自法國里昂，「經西伯利亞，於 2 月 13 日到達北京，在轉到魯迅手上已是一個星期」。這封信在路上竟走了 24 天，僅在北京就待了一周。如此遙遠的路途，又在那樣一個紛亂的年代，難保不丟失。二是創造社收到了這篇短文與信不想發稿。因為他們收到此文與信不久，便看見 3 月 2 日《京報副刊》柏生的文章中，已披露了羅曼・羅蘭對《阿 Q 正傳》評語的原文與中譯文。他們覺得《京報副刊》已發，敬隱漁的文章和羅曼・羅蘭原信與柏生的文章此又內容重複，不必發了吧。於是壓下了這篇短文與信。三是創造社出於對魯迅的敵意，拒不發敬隱漁來搞和所附羅曼・羅蘭原信。

然而，不論屬於哪一種情況，法國大文豪羅曼・羅蘭的評《阿 Q 正傳》的原信，時至今日仍未見天日。它的下落到底如何？這封原信於今還存於世嗎？這也是一個很難解開的謎案。

五四、魯迅因何事致重光葵一信，信中講了什麼？

重光葵這個名字，現在上了年紀的人大約能知道一二，可青年人對這個名字就不甚了然了。

重光葵，（1887-1957）「二戰」時的日本重要戰犯，東京大學畢業。1911 年入外務省，1918 年代表日本政府參加巴黎和會，後在駐德國使館工作。1925 年、1926 年與魯迅有來往，其時他任日本駐華公使館的一等秘書。不久，任日本駐上海總領事。1931 年任日本駐華公使館公使，1932 年 4 月 29 日旅滬日僑在上海虹口公園慶祝「天長節」（昭和天皇的生日），朝鮮義士尹春吉趁機溜進慶祝會場引爆炸藥炸死了日本派遣軍司令白川義則大將，重光葵以駐華公使的身份也參加了這次慶祝會，他被炸斷了一條腿。1933 年任外務省次官，此後任駐蘇、駐英大使，1943 年起任東條英機內閣與小磯圓昭內閣外務大臣。1945 年 8 月 14 日日本宣佈無條件投降。9 月 2 日重光葵代表日本政府在盟軍阿米蘇里號戰艦上簽署投降書並將投降書雙手呈上了盟軍方面。他因為是日本重要戰犯，在東京審判時被遠東國際軍事法庭判處七年徒刑。1950 年提前獲釋，1952 年創建改進黨，任總裁。1954 年與鳩山一郎一起創建民主黨，他任副總裁。在鳩山一郎內閣中他出任外相。1957 年 1 月 26 日病逝。

上一世紀 20 年代中期，魯迅與重光葵有過兩次來往。

第一次是在一個宴會上與重光葵同席因而相識。《魯迅日記》1925 年 9 月 17 日記：「往石田料理店應……招飲，座中有伊藤武雄、立田清辰、重光葵、朱造五及季市。」座中的季市即許壽裳。朱造五是魯迅在日本弘文學院時的同學，後來之教育部的同事，其餘均為日本人，重光葵即其中之一。

第二次是魯迅寄重光葵一信。《魯迅日記》1926 年 2 月 14 日記：「晚寄重光葵信。」現已佚。自然我們不知道魯迅為何寄重光葵信和信中都講了一些什麼。也許是與魯迅的日本人親屬—羽太家有關的事情吧。因為重光葵此時是日本駐華使館的一等秘書，魯迅可能有事求他吧。《魯迅日記》中無重光葵來信或覆信之記載。但魯迅這一致重光葵信至少說明，魯迅對重光葵是認識的，對他的身份也是瞭解的，所以才有這一封信寄重光葵。

重光葵是魯迅與日本戰犯圈子中唯一一位有過來往的人。但重光葵與魯迅來往時只是一個秘書，不能算是官員。魯迅曾說過，自己不願與日本「公人」來往，這「公人」當是官員的意思，所以，魯迅與重光葵的兩次來往，只是與日本普通人來往的一倒，絕不含任何政治色彩。重光葵此後任日本駐華公使，日本駐上海總領事，二人一時同住上海，卻沒有任何來往了，因為後來重光葵官運亨通，已是一個「公人」了，而且是一個聲名顯赫，炙手可熱的「公人」了。只是我們不知道魯迅致重光葵的信如今還在世上否，還是早被重光葵毀棄？這倒是一個很難破解的謎案。

五五、他們的第一次性愛究竟在何時？

許廣平生前寫有唯一的一篇劇作，這就是獨幕劇《魔祟》，發表在 1985 年 1 月號的《魯迅研究動態》上，後收入江蘇文藝出版社 1999 年 10 月版《許廣平文集》中。2001 年倪墨炎先生出了一本書，名叫《魯迅與許廣平》。倪先生據此《魔祟》斷定魯迅與許廣平第一次性愛是在 1925 年 8 月，後又改為 1926 年初夏，地點在北京西三條魯迅寓所南屋。這就是《魔祟》背景地點的「北京說」。陳漱渝先生不同意倪墨炎先生的看法，他以「裘真」為筆名，寫了《著了魔的心理分析》一文，發表在 2001 年第 3 期《魯迅研究月刊》上。陳先生以為《魔祟》寫的是上海時期魯迅與許廣平的同居生活。這是《魔祟》背景地點的「上海說」。王錫榮先生在 2002 年第 3 期《魯迅世界》上發表文章《我看〈魯迅與許廣平〉爭論》認為《魔祟》的背景地點應在廣州。這就是《魔祟》的背景地點的「廣州說」。王先生認為《魔祟》是文學作品，不是記實。王先生的意見有的是對的。的確，文學作品就是文學作品，不可以把其中的描寫的樣樣種種都與實際生活掛鈎的、坐實。若是這樣，不就是索隱派了嗎？但王先生又說，從描寫的居室看，有點像廣州，這又落入索引派的巢穴。筆者認為，文學作品其藝術的概括性是很強的，把《魔祟》的背景地點坐實在北京、上海、廣州都是違背了文藝真實性的原則，因而是不對的。王先生便說：「劇中的房屋格局與實際生活中任何一處住房都不完全吻合。」這話很對。文學作品與實際生活的關係就是是又不是，不是又是。所以將《魔祟》的背景地點坐實西三條 21 號南屋，廣州的鐘樓、白雲樓，上海的共和旅館、景雲里 23 號或 18 號、北川公寓、大陸新村 9 號都是《紅樓夢》研究中索隱研究方法的繼續，是不可取的。

與此相關聯的是《魔祟》寫了魯迅與許廣平的第一次性愛嗎？倪先生認為是的，他們的第一次性愛在北京西三條胡同 21 號南屋，時間是 1926 年初夏。陳先生認為他們的同居時在上海，時間是 1927 年 10 月。王先生認為他們的同居在廣州白雲樓。王先生說，「同居」不等於第一次性愛，這話當然是對的，即使是第 X 次性愛，如果不是住在一起也不等於同居。本來，探討魯迅、許廣平第一次性愛的時間與地點是沒有什麼意義的，也是對魯迅、許廣平的唐突與失敬，但正如王先生所說，既然有人在探討、研究，而他們的說法又是不大合乎情理，那麼，別人就有出來加以匡正的必要了。

筆者看《魔祟》，其寫的絕不是第一次性愛。劇中重點寫 G（隱指魯迅）工作完了，已是夜半，這時 B（隱指許廣平）已睡了三個多小時了。二人這時才開始性愛，睡魔讓他們困不可扼，這性愛選擇的時間並不相宜，影響了品質。《魔祟》主要表現的是二人性愛的不夠盡情，含蓄表達了作者的歉意和對魯迅的思念。這是可信的。魯迅總是夜間寫東西，寫完後已是半夜或天將明，這時二人才開始性愛，睡魔（即魔祟）就要來打擾了。這是寫實的。這個劇作寫的只是同居而不是第一次性愛。

倪先生說，他們第一次性愛是在 1926 年初夏，陳先生說是在上海，王先生說是在廣州。這三種說法可能都不確實。

筆者認為，他們第一次性愛的地點是在北京西三條胡同 21 號南屋，時間應在 1926 年 3 月 6 日夜。這有《魯迅日記》為證。這一天《魯迅日記》的全文是這樣的：「晴。晨寄霽野信。往女師大評議會。上午得鳳舉信。舊曆正月二十二日也，夜為害馬剪去鬃毛。

靜農、霽野來。培良來。」這一天夜間，魯迅為許廣平剪髮（「害馬」指許廣平）。這件事本省就透露了二人這時有了性愛或將發生性愛的資訊，其佐證是這一句前記了這一天的陰曆：「舊曆正月二十二日也」一句。《魯迅日記》在正文中夾記陰曆，這是僅有的一次，而下句接寫「夜為害馬剪去鬃毛」，剪髮時間為「夜」，可聯想為這一天是二人發生第一次性愛的日子，這夾記的陰曆是一個特殊的暗記。筆者這樣看，還有一個依據，就是時間的吻合。讓我們看下列一個時間表：1925 年 10 月 12 日許廣平寫了《同行者》一文，發表在這一年 12 月 12 日《國民新報副刊（乙刊）》第 8 號，1926 年 2 月 23 日在同刊又發表《風子是我的愛》。目前，魯研界魯認為這兩篇文章是許廣平愛上魯迅的自白或表白。此後又過了十二天（這一年西曆 2 月為閏月）即 3 月 6 日二人便發生第一次性愛，時間完全吻合。3 月 6 日第一次性愛是這兩篇文章的果，這兩篇文章是 3 月 6 日第一次性愛的因，這不是水到渠成，順理成章的事嗎？

當然，前面說的只是一種推理或推斷，不是實證本身，而且這類問題外人也絕不會找到實證，除了當事雙方自己明白說出。因為沒有實證，那麼我們只能說，他們的第一次性愛究竟發生在何時仍然是一個謎。筆者之說只能供參考而已。

五六、胡適致魯迅信哪裡去了？

胡適像

魯迅致胡適信，2005 年版《魯迅全集》收 10 封，據《魯迅日記》查，魯迅致胡適信尚有 7 封未被發現。可是胡適致魯迅信有多少呢？也是據《魯迅日記》查，共 16 封。它們是 1918 年 8 月 12 日信！（為魯迅收信的日期，下同）、1921 年 1 月 3 日信、1921 年 1 月 25 日信、1921 年 2 月 7 日信、1922 年 2 月 1 日、1922 年 3 月 6 日信、1923 年 3 月 14 日信、1923 年 12 月 28 日信、1924 年 1 月 1 日信、1924 年 2 月 11 日信、1924 年 4 月 12 日信、1924 年 6 月 2 日信、1924 年 8 月 12 信（此信為 7 月 31 日發）、1924 年 9 月 2 日信、1926 年 5 月 24 日信（為致魯迅、周作人、陳源三人信）、1926 年 8 月 4 日信。

胡適致魯迅信，除那封致三人之信，其餘 15 封現皆不存。為什麼這些信沒有留存下來，這是一個謎。是魯迅隨收隨棄而不存嗎？魯迅向有保存他人來信的習慣，這隨收隨棄是不可能的。是魯迅銷毀和遺棄了這些信嗎？也不可能，因為胡適信沒有什麼可避忌的，不構成對魯迅安全的威脅。這些信都是魯迅在北京時收到的，魯迅南下不會帶這些信，這些信如留存何會留存北京。魯迅在上海時，為安全起見是銷毀了一部分他人來信，其中不應包括胡適來信。胡適的文字與魯迅的文字一樣，都是一種不朽的，經典的文化遺存，這 15 封信的不存，是中國現代文化史上的重大損失。不知將來這 15 封信能否有被發現的那一天？我們等待著那一天。

五七、許廣平、高長虹間的通信為何不見了？

高長虹攻擊魯迅期間，牽涉到高長虹、魯迅戀愛糾紛的事主要有兩件：一是 1926 年 11 月 21 日《狂飆》週刊（上海）第七期上發表的《給——》（通稱「月亮詩」，為詩集《給——》第 28 首），詩中高長虹將自己比為「太陽」，將許廣平比為「月亮」，將魯迅比為「黑夜」，並說：「月兒我交給他了，我交給他去消受」。同年 12 月 12 日高長虹在同一刊物第 10 期發表《時代的命運》一文，他說：「我對於魯迅先生曾獻過很大的讓步，不只是思想上，而且是生活上。」這就是說，他高長虹與許廣平戀愛過，現在魯迅與許廣平戀愛，是自己「讓步」的結果。這兩件事當時傳的沸沸揚揚，人們都知道了高長虹對許廣平的「單相思」。魯迅知道此事異常震怒，高、魯衝突因而趨向白熱化。但是當時人們根本不知道許廣平、高長虹間還有書信來往，而且這種來往不止一、二次。

1938 年高長虹自歐洲歸國，在重慶時，他在重慶的《國民公報》星期增刊上發表了一篇文章《一點回憶——關於魯迅和我》，首次向外界披露了他與許廣平還通過信，他說：「我那時候有一本詩集（即 1925 年 3 月 1 日出的《精神與愛的女神》——引者注），是同《狂飆》週刊同時出版的。一天接到一封信，附了郵票，是買這本詩集的，這人正是景宋。因此我們就通起信來。前後通了有八九次信，可是並沒有見面，那時我彷彿覺得魯迅與景宋的感情是很好的。因為女師大的風潮，常有女學生到魯迅那裡。後來我在魯迅那裡同景宋見過一次面，可是並沒有談話，此後連通信也間斷了。以後人們所傳說的什麼什麼，事實的經過卻只是這樣的簡單。

他們之間通信都講了什麼問題？高長虹的詩集《精神與愛的女神》出版後，在女士中有較大的反響，當時不少女士寫信求購此書，其中就有許廣平（即景宋）。許廣平是先給高長虹寫信的，所講的內容現知僅有以下三點：一是要求購買《精神與愛的女神》；二是對高長虹的文筆表示贊許；三是說自己的性格很矛盾，彷彿中山先生是那樣性格。高長虹的回信據高長虹自己講是「我對於當時的思想界那種只說不做的缺點，在通信中也是講到的」。以上就是我們現在所能知道的雙方來往信件的部分內容，其他就什麼也不曉得了。

許廣平、高長虹間的通信在 1925 年 3 月持續到 7 月中旬，此後高長虹來魯迅寓所見過許廣平一面，時間是 1925 年 7 月 19 日，此日《魯迅日記》記：「午後許廣平、呂雲章來。……長虹來……」許廣平給高長虹留下唯一印象是「一副長大的身材。」從此二人並連通信也沒有了。那原因就是女士們欣賞他的文筆，及至見面，就十分掃興，高長虹好像有點其貌不揚的。

但直至現在，許廣平、高長虹間的通信我們一封也未見到。那原因可能是給收信人毀棄了。許廣平自從愛上魯迅後，自然不便保存高長虹的信；高長虹就一個人，又有精神病，估計他在 1926 年秋離北京赴上海前或 1929 年初出國前就把許廣平來信弄丟或毀棄了。當然，這都是估計的，到底這些信是怎麼消失的，我們得不到一點資訊。所以是一個謎案。

五八、為什麼魯迅、許廣平雙雙南下前整整一年中往來書信僅存一封？

《兩地書》第一集最末一封信是魯迅 1925 年 7 月 30 日致許廣平的編號為第 35 號的信。魯迅，許廣平是 1926 年 8 月 26 日離開北京雙雙南下的，自 1925 年 8 月至 1926 年 8 月 26 日這一年又 26 天的時間，僅有 1926 年 8 月 15 日魯迅致許廣平邀請吃飯的一封邀請函。這一邀請函原文如下：

景宋女士學席：程門飛雪，貽誤歲時。愧循循之無方，幸駿才之易教。而乃年屆結束，南北東西，雖尺素之能通，或下問不易。言念及此，不禁涙下四條。吾生倘能赦茲愚劣，使師得備薄撰，於月十六日午十二時，假宮門口兩三條胡同二十一號周宅一敘，俾罄愚誠，不勝厚幸！順頌。

師魯迅謹訂八月十五日早

這封信據許廣平說好似編《兩地書》時漏收的，是此信散存他處，一時未及檢出。2005 年《魯迅全集》已將此信收入《書信》集中，即收入《魯迅全集》第 11 卷。

這就很是令人不解、自 1925 年 8 月 1 日至 1926 年 8 月 26 日魯迅、許廣平往還書信僅此一封嗎？據《魯迅日記》查，魯迅、許廣平通信在這一時期不是僅此一封。至少尚有 4 封許廣平致魯迅信，未收入《兩地書》中，此 4 封信是 250907 信、260203 信、260228 信、260812 信。這 4 封信，魯迅肯定有回信，只是未見《日記》記載。如此說來，此期間至少有 8 封信未收入《兩地書》中。至於為何未收，是因為此一期間，二人關係升級，信中越軌或親密話語較多，故意不收，還是 8 封信已散失他處，找不到了，因之未收。到底是何種原因，這就是一個謎了。

五九、魯迅在中山大學社會科學研究會上的講演都講了什麼？

1927 年 1 月 26 日魯迅在中山大學醫科歡迎會上講演之後的第二天，魯迅又赴社會科學研究會講演。這一天日記云：「下午赴社會科學研究會演說。」這裡的社會科學研究會是中山大學的一個學術研究機構，或占於 1926 年 12 月 24 日，由中山大學支部領導，畢磊為主要負責人之一。

這次演說，是魯迅演講世界的又一個謎案。魯迅在這次會上講了些什麼，迄今未發現任何記錄或回憶性文字，北京魯迅博物館編之《魯迅年譜》云：「應邀赴社會科學研究會演講，講題及內容未釋。」復旦大學、上海師大，上海師院編的《魯迅年譜》亦云：「講題不詳」。劉運峰先生編之《魯迅佚文全集》亦無此次講演文記錄。看起來，這一謎案不易破解了。

六〇、《無聲的中國》最初發表在那一天的香港什麼報紙上？

1927 年 2 月 18 日晨，魯迅在葉少泉、許廣平陪同下赴香港演講，午後抵達香港，住在香港青年會。晚上九時發表演說，這就是著名的演講《無聲的中國》。

這一演講，有三種記錄稿。一是黃之棟，劉前度（劉隨）記錄稿，經整理後，未經魯迅過目便在 1927 年 2 月 21 日香港的《華僑日報》上發表。此記錄稿後收入鄭樹森、黃繼持、盧瑋鑾編《早期香港新文學資料選》（香港天地圖書館有限公司 1998 年版），李偉江先生編的《魯迅粵港時期史實考述》一書（嶽麓書社 2007 年 1 月版）亦有收錄。二是謝鑄章，陳葉旋記錄稿，經魯迅審閱發表於 1927 年 3 月 23 日漢口《中央日報副刊》第 2 號。現在《魯迅全集·三閒集》中收的此文即是這一篇記錄稿，這一記錄稿自然是有很大權威性的記錄稿。三是趙今聲（趙玉振）記錄稿，在同年香港 2 月下旬的《大光報》上發表。發表日期不詳，此記錄稿迄今未見。

據 2005 年版《魯迅全集》注云，謝鑄章、陳葉旋記錄稿在《中央日報副刊》轉載前曾刊在香港報紙上，但刊在香港什麼報的那一天報紙上不詳，朱金順和馬蹄疾先生在他們的各自有關魯迅演講的專著中也說這一記錄是經過港英當局刪改，削去和改竄而登在香港報紙上，但是登在那一天的什麼報上也不知道，而趙今聲記錄稿也不知道是發表在同年 2 月下旬的那一天，《大光報》上。這些都是未解之謎。主要是因為找不到刊載兩份講演記錄稿的香港報紙。如果找出，這些自然就不是謎了。

六一、《老調子已經唱完》的原稿哪去了？發表在《新時代》哪一期？是誰的記錄稿？

1927 年 2 月 18 日，魯迅應香港中華基督教青年會之邀赴香港演講，當晚 9 時在青年會講，這就是著名演講《無聲的中國》。次日，即 2 月 19 日下午，魯迅又在青年會講，這就是著名演講《老調子已經唱完》。2 月 20 日返回廣州。

《老調子已經唱完》現知有劉隨（劉前度）記錄稿，劉隨將記錄稿整理後寄魯迅審閱。魯迅於同年 3 月 2 日收到此稿，稍作改動於 3 月 4 日寄還劉隨，同意發表。這表明，劉隨記錄稿是經過魯迅過目和 授權的，也表明這一記錄稿是忠實於魯迅原講演的，它完全可以收入《魯迅全集》。但此後記錄稿應某種原因未能在香港報紙上發表，10 年後，即 1937 年，許廣平徵集魯迅佚文時，劉隨在這一年的 5 月 12 日將此稿寄許廣平並附一信。此稿現存北京魯迅博物館。福建教育出版社 1999 年 12 月出版之《魯迅手稿全集》第四冊刊發了此手稿。李偉江先生的《魯迅香港時期史實考述》（嶽麓書社 2007 年 1 月版）收有劉隨記錄稿全文。

1927 年 3 月廣州的國民黨報紙《國民新聞》副刊《新時代》刊發了魯迅的《老調子已經唱完》。據李偉江先生比照，此文較劉隨記錄稿容量大增：由 17 段增至 30 段，由原來的不足 2.000 字增至 4.300 餘字，這是魯迅這一演講的正式刊佈。此後的各版《魯迅全集》所收文本皆為這一「新時代本」，雖然有的文字略有差異。這一文本是否忠實於原演講，很難講。

現在搞不清楚「新時代本」記錄稿是哪裡來的，誰記錄的？有人估計，可能是魯迅據劉隨記錄稿在此基礎上擴寫的；有人說：「新時代本」與劉隨本無任何關聯。這兩種說法，哪一種更符合實際呢？真的是無從查考和確認了。況且，「新時代本」原稿也不知哪裡去了。如有原稿也可據原稿筆跡判定此稿為誰所寫或記錄。還有就是此文本刊於《新時代》的 1927 年 3 月的那一天，哪一期，因為刊發此文的《新時代》原報也百覓不見，其刊出日期也是一個謎。即使將來有一天找到了刊發此文本的《新時代》原報，知道此文本刊在《新時代》的哪一期上，其他兩個問答題，即此文本與劉隨記錄稿之關係及原稿去向也得不到解決。這也是兩個難解之謎。

六二、魯迅在孫中山逝世二周年紀念會上都講了些什麼？

《魯迅日記》1927 年 3 月 11 日記：「晚往中山先生二周年紀念會演說。」這一天，在中山大學召開了廣州各界紀念孫中山逝世二周年紀念大會。同一天，廣州《民國日報》在《紀念總理二周年之宣傳方法》一文中預告了魯迅的這次演說：「演講表：三月十日下午六時（中大）李濟深、蕭楚女、李家英……（河南同濟堂）鄧中夏、潘考鑒、淩樹藩……十一日下午六時（中大）魯迅、李同生、何彤……（同濟堂）。」這一大會定於十日、十一日、十二日連開三天，請廣州各界名流演說。魯迅的演說，排在十一日下午六時開始。

北京魯迅博物館編之《魯迅年譜》說這次演說講題及內容不詳。復旦大學、上海師大、上海師院編之《魯迅年譜》也說，這次演說講題不詳。八十年過去了，我們不知道魯迅的這次演說說了什麼，這是很為遺憾的。

六三、魯迅是否在廣州市立師範學校演講了？

據《魯迅日記》，自 1912 年 5 月 5 日開始，直至魯迅逝世，魯迅應邀演講 58 次，這 58 次演講中，收入 2005 年版《魯迅全集》的演講共 15 篇（不含赴西安講學的那 11 次，因為那是講學，不是講演，雖然魯迅稱為講演），收入《魯迅佚文全集》的演講共 17 篇，（不含 1936 年 10 月 8 日在二回全國木刻聯合流動展覽會講，因為它是圍桌談話，不是講演）。尚有 26 次演講，或因無題，或因無記錄，或因其他種種原因沒有收入《魯迅全集》或《魯迅佚文全集》中。

在魯迅這 56 次演講中，只有一次是搞不清楚是演講了還是沒有講演。這是 1927 年 4 月 11 日在廣州市師範學校的講演。這一天魯迅日記云：「十一日曇。……市立師校邀演說，同廣平往，則訓育未畢，遂出閱市，買茗一元。」對這次講演，朱金順先生和馬蹄疾先生講法就不一樣。朱金順先生說：「這次演講是否講了，待考。」（見朱金順《魯迅演講資料鉤沉》，河南人民出版社 1980 年 4 月版）意思是說：這次演講是講了，還是未講，存疑。馬蹄疾先生則乾脆說：「到校後，因故未講，後來是否講了，不詳。」（馬蹄疾《魯迅演講考》，黑龍江人民出版社 1981 年 9 月版）馬蹄疾先生是說，這次講演肯定未講，後來是否講了，不清楚。這事情就有點蹊蹺。廣州市立師範學校邀請魯迅到校演講，魯迅到了，他們則訓育未畢，不立即停止訓育，立馬請魯迅演講，這事很荒唐，也是失禮，特別是對這樣一位文化巨人的來臨，如此不恭怠慢失禮，是令人十分奇怪的，從魯迅日記行文看，似是未講，但從情理上判斷，這種不恭、怠慢、失禮的事又好似不會發生。能否是魯迅出去閒市，買茶葉，回來時則訓育已畢，魯迅又講了呢？魯迅忘了補上一筆，還是如馬蹄疾所說，當日未講，以後補講了呢？這件事著實讓人困惑。

六四、謝玉生離開魯迅回湖南後的行蹤如何？

關於謝玉生，2005 年版《魯迅全集》第 17 卷是這樣注的：「謝玉生湖南耒陽人。廈門大學國文系學生，泱泱社發起人之一，兼任廈門中山中學教員，曾邀魯迅至該校講演。魯迅到廣州後，他與廈大同學七人轉學中山大學。」

這個注十分簡略。《魯迅生平資料彙編》第四輯介紹得較為詳細：「謝玉生，河南耒陽人。1926 年由南京金陵大學轉學廈門大學國文系，是魯迅的學生，曾邀請魯迅到他兼任教職的廈門中山中學演講。他愛好文學，是廈門大學學生文學團體泱泱社的發起人之一。1927 年春魯迅到廣州不久，他與廈大同學七人轉學中山大學，與魯迅來往密切，魯迅對他印象甚好。『四一五』事變後，魯迅辭去中山大學一切職務，他首先將這消息寫信告知在武漢的孫伏園。孫伏園在《中山副刊》上公佈了他及魯迅的來信，由此引起顧頡剛與魯迅之間一場關於『候審』的干涉」。同年七八月間，他離粵回湘，行前魯迅曾給他以經濟上的幫助，從此音信杳然。魯迅疑心他後來被反動勢力殺害了，時常憶念他。這兩處提到謝玉生的地方，都未涉及謝玉生離開魯迅回湖南後的行蹤。

許廣平在的《欣慰的紀念》中也提到過謝玉生，說謝玉生到家鄉後的下落是一個謎，魯迅和他都懷疑是被發動勢力殺害了。許廣平這樣說：「其間有一位姓謝的，是湖南人，以前且曾做過教員，人很活動，文學造詣也相當的深。他到廣東不久，就離去了，似乎是回到他的故鄉去的，但去後資訊杳然，他好像是個做社會運動的人物，先生幾乎時常紀念著他，且疑心他已被黑暗捲去。這真像一個謎。」

這的確是一個謎了。因為自 1951 年許廣平的《欣慰的紀念》發表以來的這 62 年間，沒有任何材料說及謝玉生回到家鄉後的行蹤，魯迅與許廣平的估計、猜測有可能是對的。

六五、魯迅在大夏大學講演都講了些什麼？

1927 年 11 月 16 日魯迅應邀赴光華大學講演，講題是《文學與社會》。這次講演記錄稿，在劉運峰先生編之《魯迅佚文全集》中可以查到。次日，魯迅又往大夏大學講演。這一天《魯迅日記》云：「下午往大夏大學學生演講一小時。」此前本月 10 日《日記》云：「下午大夏大學學生來。」這次幾個大夏大學學生來魯迅寓所可能是邀魯迅講演的。

大夏大學或成立於 1924 年 6 月。當時廈門大學師生三百餘人，因不滿當局壓迫，從廈門大學退出，來到上海另組一個大學，這就是大夏大學。1927 年時校長為王伯群。

2005 年版《魯迅全集》第 16 卷注此次講演為「講稿不詳」。所以，迄今為止，我們仍不知道魯迅此次在大夏大學講演都講了一些什麼。這也是一個曠世之謎。

六六、魯迅第三次去勞動大學講課，校方為什麼未派專車去接？

1927 年，上海成立了一所新大學，名叫「國立勞動大學」。學校分三個學院：農學院、工學院、社會科學院。易培基擔任校長。1933 年該校停辦。

易培基（1880-1937），字寅村，號鹿山。湖南長沙人。早年畢業於武昌方言學堂。後去日本遊歷，加入了同盟會。1913 年後任湖南商學師範學堂國文教員，長沙師範、湖南省立第一師範學校教員。1920 年任湖南省立第一師範學校校長，1921 年兼湖南省立圖書館館長，被譚延闓聘為省長公署秘書長。1922 年任廣州大元帥府顧問。1924 年任廣東大學教授。同年 11 月任北京政府教育總長，同月辭職，任清室善後委員會委員。1925 年任法國退還庚子賠款用途研究委員會委員、北京女子師範大學校長。同年 12 月任許世英內閣教育總長，但未上任。1926 年「三一八」慘案後被通緝，藏東交民巷使館區。1927 年 4 月任上海勞動大學校長。1928 年 2 月去職任國民政府建設委員會委員，4 月任外交委員會委員、6 月任故宮博物院理事職、院長兼古物館館長，10 月任國民政府農礦部部長兼勞動大學校長，故宮博物院院長。1929 年 1 月任首都建設委員會委員。1930 年 9 月辭勞動大學校長職，11 月任北京師大校長職，1931 年辭去北京師大校長職專任故宮博物院院長。1933 年以故宮盜寶案被起訴，藏於日本租界。1936 年潛回上海。1937 年 9 月病死。

易培基是魯迅的上司，朋友。1924 年 11 月易培基任北京政府教育總長，雖不到 1 個月，也是魯迅的頂頭上司，1925 年女師大被解散後，女師大成立了一個教育維持會，會長是易培基，魯迅是這個會的會員，易培基又是他的頂頭上司。1926 年初女師大復校，易培基被推舉為女師大校長，而魯迅是女師大聘任的教員，易培基又做了魯迅的頂頭上司。魯迅 1926 年 1 月 13 日上午在歡迎新校長的會上發表講話，對易培基做了肯定性的評價。魯迅說：「易先生的學問，道德尤其是主持公道，同惡勢力奮鬥的勇氣，是本會同人素來敬佩的。當恢復之初，即曾公推為校長，而易先生過於謙退，沒有就。但維持仍然不遺餘力。同人又二次邀請，且用公文請政府任命，這才將向來的希望達到，同人認為自己的責任已盡，將來的希望也已經有所歸屬，這是非常之歡喜的。」這一演講為各版《魯迅全集》所未收，今見長江文藝出版社 2007 年 6 月版《魯迅演講全集》，在女師大風潮中，易培基與魯迅一樣支持學生的正義鬥爭，二人在這一鬥爭中成了戰友。他們自然也是朋友。

易培基與魯迅的交情是不錯的。魯迅到上海後，曾立志不再教書，專事寫作。他說，教書用理性，創作用感性，這兩種精神活動合不到一起，所以到上海後魯迅不再教書了。可是有一個例外，這就是易培基來邀魯迅赴勞動大學任課。礙於朋友之面，魯迅破例答應了。可是魯迅這次教書，只講了兩次，第三次就未能教成。許廣平回憶說：「魯迅到勞動大學講課，每次我都跟著去聽講的，目的是得便領教一些。記得曾經去過兩次，頭一次是用易培基的專車來接的，第二次也來了，但稍微遲了一些，令魯迅好焦急地等待了一番。到第三周，車子乾脆不來了，易培基也一直沒向魯迅查問一下為什麼不來，魯迅從此也再沒有到勞動大學去教書。」（許廣平

《讀，〈永不磨滅的印象〉》，文刊，江蘇文藝出版社 1999 年 10 月版《許廣平文集》）。

魯迅第三次為什麼未能去勞動大學上課？原因十分簡單，就是因為易培基的專車未來，魯迅等車，可車子未來，若是能步去，勞動大學距魯迅住所又比較遠，徒步去上課，根本來不及。打車嗎？那時上海彷彿沒有計程車，有的只是黃包車，人拉的，坐黃包車去上課也是不趕趟。這樣，這第三次講課就告吹了。易培基為什麼第三次不派專車去接，這是一個謎，魯迅第一次去勞動大學上課是 1927 年 11 月 7 日，第二次上課是 11 月 14 日，第三次上課應是 11 月 21 日，這一次未講成。此後 12 月 2 日魯迅收到易培基信（魯迅家中無電話，那年頭也沒有手機），12 月 10 日魯迅回覆易培基信，11 日魯迅又收到易培基信。易培基這兩次致魯迅信，應當是解釋第三次未去車接魯迅的原因。可惜，這 2 封信現已丟失，我們不知道這第三次專車未去接魯迅的原因是什麼。但估計與其將離職有關。易培基是 1928 年 2 月辭勞動大學校長職務的，他的工作有了變動，這第三次未去車接，可能是易培基坐自己的轎車去辦與工作調動有關的事情去了，而當時勞動大學無第二輛專車，這樣，只好唐突魯迅了。當然，這只是估計，沒有實證，所以易培基第三次為什麼不派專車接魯迅上課，就仍然是一個謎。

六七、郁達夫參加過太陽社嗎？

郁達夫（1896-1945），原名郁文。浙江富陽人。中國現代著名作家，代表作是短篇小說《沉淪》。郁達夫是創造社重要的發起人之一。創造社是 1921 年 7 月在日本東京成立的，發起人是留日學生郭沫若、郁達夫、張資平、何畏。郁達夫是中國現代著名作家中唯一一個與魯迅關係十分密切的人。他不但常與魯迅往還，他也是正確評價魯迅的唯一的一個現代最著名的作家。他說：「沒有偉大的人物出現的民族，是世界上最可伶的生物之群；有了偉大的人物，而不知擁護，愛戴，崇仰的國家，是沒有希望的奴隸之邦。因魯迅的一死，使人們自覺出了民族的尚可以有為，也因魯迅之一死，使人家看出了中國還是奴隸性很濃厚的半絕望的國家。」如「問中國自有新文學運動以來，誰最偉大？誰最能代表這個時代？我將毫不躊躇地回答：是魯迅……當我們見到局部時，他見到的卻是全面。當我們熱中去掌握現實時，他已經把握了古今與未來。要全面瞭解中國的民族精神，除了讀《魯迅全集》以外，別無捷徑。……生死，肉體，靈魂，眼淚，悲歎，這些問題與感覺，在此地似乎太渺小了，在魯迅的死的彼岸，還照耀著一道更偉大，更猛烈寂光。」「在目下的中國作品中，以時間的試煉來說，我以為魯迅的《阿 Q》是偉大的。」「醉眼朦朧上酒樓，彷徨吶喊兩悠悠，群盲渴盡蚍蜉力，不廢江河萬古流。」

太陽社是 1927 年冬在上海成立的，主要成員有蔣光慈、錢杏邨、孟超、洪靈菲、祝秀俠等。太陽社是創造社的同盟軍，常與創造社一起圍攻過魯迅。1930 年「左聯」成立後，該社自行解散。

最近，倪墨炎、陳九英二位先生編選了一本《回憶魯迅·達夫談魯迅全編》，在《本書編輯說明》中，倪墨炎、陳九英二位先生說：「傳說他（指郁達夫——引者）秘密加入過『太陽社』，雖然此說待考，但和蔣光慈、楊邨人確實關係密切。」郁達夫到底是不是秘密加入過太陽社，現在成了一個謎了。因為迄今為止，未見有人探討過郁達夫加入過太陽社的問題，既然是秘密加入，這件事考證起來就會更困難了。

六八、魯迅的雜文《虐殺》哪裡去了？

在《魯迅全集》中，屬「夜記」文類的雜文有 1927 年寫的《怎麼寫（夜記之一）》和《在鐘樓上（夜記之二）》。1930 年魯迅應柔石之約寫了《做古人和做好人的秘訣（夜記之五），不完》，這是一篇未完稿，柔石來時，他給柔石看，柔石以為「太嚕蘇一點」，這樣，這《夜記之五》便擱了下來。這半篇文字，後來收入《二心集》中，算是對柔石被害一周年的一個紀念。

這《夜記之五》之前，應有《夜記文三》、《夜記之四》兩篇。奇怪的是，《魯迅全集》中無此二文。對這個問題，魯迅自己有過交代。他在《夜記之五》的附記中說：「這是夜記之五的小半篇，『夜記』這東西，是我於一九二七年起，想將偶然的感想，在燈下記出，留為一集的，那年就發表了兩篇。到得上海，有感於屠戮之凶，又做了一篇半，題為《虐殺》，先講些日本幕府的磔殺耶教徒，俄國皇帝酷待革命黨之類的事。但不久就遇到了大罵人道主義的風潮，我也就借此偷懶，不再寫下去了，現在連稿子也不見了。」這就明白了。《夜記之三》名為《虐殺》，《夜記之四》只寫了一半，還未來得及命名，因為創造社當時正在批魯迅的「人道主義」，魯迅一氣，這一篇半的雜文便中途擱筆，直至現在，這《虐殺》和那半篇無題的文字便從可見的世界的視野中消失了，創造社扼殺了魯迅的一篇半雜文，這是創造社諸君子的一個大過，是魯迅世界的一個不小的損失。

這一篇半魯迅雜文是消失了。如果還有存稿，《魯迅全集》的編者會據手稿將此一篇半雜文編入《魯迅全集》中。現在《魯迅全集》中無此一篇半雜文，可見這一篇半的稿子確實無影無蹤了。然而怎麼不見了？是當廢紙扔了，還是當手紙丟進了茅廁裡？誰也說不清，這自然又是一個謎。

六九、魯迅杭州度蜜月為什麼讓許欽文伴宿？

1927 年 10 月 8 日，魯迅與許廣平住上海共和旅館移居景雲里 23 號開始正式的同居生活。按理說，同居或婚後不久即應去度蜜月，可直到 9 個多月後才想起要度蜜月。度蜜月的地點選在杭州。

在赴杭州前，魯迅即托川島在杭州的清泰 旅店的樓上預定了一間有三張床的房間。魯迅到杭州的第一夜，即要許欽文陪宿，而且必須睡在中間的那一張床，這一睡就是五夜（1928 年 7 月 12 日至 16 日）。這樣，夫妻二人度蜜月時，房間又多了一個男性，而且睡在夫妻二人之間，這在世界的婚姻史上大約是絕無有的一個個例。

為什麼魯迅度蜜月要許欽文來伴宿？許欽文也是不明就裡，想不出魯迅是出於什麼考慮。在《伴遊杭州》一文中許欽文猜想是魯迅怕在旅館惹麻煩。這之前，許欽文曾給魯迅講過，董秋芳在杭州旅館險些被捕的事。可是這個「惹麻煩說」顯然解釋不通。因為二男一女住一間房子，本來有點犯說，如是憲兵查宿，會以有傷風化的罪名而被捕。反倒「會惹麻煩」。怕惹麻煩之說顯然不合情理。怕被竊嗎？屋子多了一個男人，確實多了一個幫手。可是小偷入室行竊，一般在人睡熟之時，人入夢鄉，多一個人也沒有什麼用。也可能是為了證明自己與許廣平之清白？這也講不通。如前所述，二人此時已正式同居九個多月，而且這是人人都知道的。證明了清白又有何用？所以，這度蜜月叫許欽文伴宿的原因真是讓人猜不透。

魯迅問什麼這樣做，沒有人解釋得通。這一近於黑色幽默的粉色之謎著實令人費解。

七〇、「杜荃」到底是不是郭沫若？

上一世紀 20 年代末，在我國左翼文學的都城上海爆發了一場名震中外的「革命文學」論爭。這場論爭的雙方一方是以郭沫若為首的創造社，一方是魯迅。在論戰的膠著時期，創造社機關刊《創造月刊》發表了一篇署名「杜荃」的文章，題目是《文藝戰線上的封建餘孽——批評魯迅的〈我的態度氣量和年紀〉》，刊期是 1928 年 8 月 10 日出版的《創造月刊》第 2 卷第 1 期。文章給魯迅戴了三頂帽子：封建餘孽、二重的反革命、不得志的法西斯蒂。魯迅對「杜荃」的這篇文章異常反感，寫了《「硬譯」與「文學的階級性」》等雜文，取了自己的又一筆名「封餘」予以反擊。魯迅懷疑「杜荃」是郭沫若的化名。他在《「硬譯」「與文學的階級性」》中說：「例如我所屬的階級罷，就至今還未判定，忽說小資產階級，忽說『布爾喬亞』，有時還升為『封建餘孽』，而且又等於猩猩（見《創造月刊》上的「東京通信」）查這一期的《創造月刊》」目錄、「杜荃」文題及文末所署均無「東京通信」字樣，魯迅用「東京通信」指稱「杜荃」的文章，實際是暗示「杜荃」即郭沫若。因為當時創造社成員只有郭沫若一個在日本的東京。

魯迅疑心「杜荃」即是郭沫若，我國現代文壇有不少人也懷疑「杜荃」就是郭沫若，但創造社的核心成員對此諱莫如深。郭沫若在世時，一些人也從未就這個問題訪向或直接為文質疑郭沫若。「杜荃」到底是不是郭沫若，長期以來是一個懸案、謎案，一直未能解懸破謎。

郭沫若 1978 年逝世後，也由於此後自由討論的空氣日見活躍，開始有人對「杜荃」是不是郭沫若的問題，進行了學術性探討。這方面最早的探索者是單演義、魯歌，他們寫了《與魯迅論戰的「杜荃」是不是郭沫若？》一文，刊登在 1979 年 10 月出版的《西北大學學校（社會科學版）》的增刊上：1980 年湖南人民出版社又出版了《魯迅研究文叢》，其第一輯刊載了史索的《杜荃是誰》一文；郭沫若研究專家王錦厚先生在 1980 年 12 月出版的《魯迅研究資料》第 7 輯發表了《杜荃到底是誰？》這三篇文章對「杜荃」就是郭沫若的命題進行了卓有成效的，具有一定說服力的考證。歸納起來，這幾位先生的文章大致提出了「杜荃」是郭沫若的幾點論據：

郭沫若的母親姓杜（名杜邀貞，沙灣郭沫若故居陳列室寫為「杜蓀福」）郭沫若對母親十分敬重，有多個筆名是以母親的杜姓為姓的，如杜衎、杜衍、杜頑庶等。還有一篇文章名叫《讀〈中國封建社會史〉》，刊在 1929 年 12 月創造社的另一刊物《新思潮》上，此文署名「杜荃」。但馮乃超就這一文章是不是郭沫若所寫曾當面問過郭沫若。郭沫若看了此文，只是說「該文的觀點和他相似」，並未說這篇文章是他寫的。所以「杜荃」是不是郭沫若的筆名仍存疑。

郭沫若文章開頭好用《開端》的小標題，而「杜荃」《文藝戰線上的封建餘孽》開頭也是用了《發端》這小標題。

「杜荃」在《文藝戰線上的封建餘孽》一文用了多次「封建餘孽」一詞，在此前後，郭沫若發表的其他文章也常用「封建餘孽」這個詞。

「杜荃」的文章說：「魯迅的文章我很少拜讀」，「提倡趣味文學的《語絲》更和我絕緣」，這也符合郭沫若的實際情況。

「杜荃」的文章視君主立憲與民主立憲，視「保皇」與「革命」為一路貨色，這也符合郭沫若當時的觀點。

「杜荃」的《讀〈中國封建社會史〉》與《文藝戰線上的封建餘孽》表明「杜荃」對歷史與文學十分有研究，這在創造社成員中只有郭沫若兼擅此兩個學科，他人莫屬。

郭沫若在《中國社會的歷史的發展階段》文末用阿拉伯數字和西文標明寫作時間和地點，以「杜荃」署名的《讀〈中國封建社會史〉》的文末題署也是如此。

張資平在《答辣氏》一文中把「杜荃」的《文藝戰線上的封建餘孽》說成麥克昂的《批評魯迅的我的態度氣量和年紀》。「麥克昂」是郭沫若的一個十分有名氣的筆名，所稱又是郭沫若此文的副標題，這可證明張資平是創造社資深成員，他所說的自有一定的權威性。而另一創造社成員也說「杜荃似乎就是郭沫若」，他就是段可情。張資平、段可情所說的話自然是可信了。

這樣，問題似乎可以下結論了：「杜荃」不是別人，就是郭沫若。

可是話說回來，我們認定「杜荃」就是郭沫若時，只有理論分析是不行的，必須要有實證，即人證和物證。郭沫若終其一生沒有說過署名「杜荃」的這兩篇文章就是他寫的。創造社中堅人物成仿吾在回答前蘇聯在華進修的研究生的提問時也明確說：「杜荃」，這是一個假名，是誰的假名，我始終不知道。（見《與蘇聯研究生彼得羅夫關於創造社等問題的談話》，文刊 1985 年第 2 期《新文學史料》）後期創造社重要成員馮乃超在詢問了郭沫若之後也只是說：「杜荃這個人還沒有找出來，問題當然沒有得到最後的解決。」（見馮乃超《魯迅與創造社》，文刊 1978 年第 1 期《新文學史料》）。張資平和段可情雖然是創造社成員，但他們也只是據了分析和推測，沒有拿出實證。何況在「革命文學」論爭期間，張資平已經是創造社批判和攻擊的對象，他怎麼會知道「杜荃」是郭沫若的細情，段可情與創造社核心成員總是疏遠了許多。應當說，「杜荃」是不是郭沫若，段可情也並不摸底。

這裡最有力的證據應當是「杜荃」此文的原稿。如有原稿，一鑒定筆跡即可認出。可惜，事過 80 多年，上哪裡去找「杜荃」此文的原稿？最有力的人證應當是《創造月刊》當時的主編。這一主編是誰？據王哲甫在《中國新文學運動史》一書中說：王獨清是「創造社理事並主編《創造月刊》；四川人民出版社 1979 年 12 月版《中國文學家辭典》現代第一分冊「王獨清」條下亦說他是「創造社理事並主編《創造月刊》，直至創造社被封。」《創造月刊》創刊於 1926 年 3 月，由郁達夫主編。1927 年 8 月郁達夫退出創造社，該刊由王獨清主編，直至 1929 年 1 月出至第 2 卷第 5 期止，2 月創造社即被查封。在後期《創造月刊》的目錄上，我們亦可見王獨清寫的《餘談》、《今後的本刊》、《編輯事項及其他》等。在刊有「杜荃」文章的那一期《創造月刊》上還刊有王獨清的《新的開場》。這些都可證明王獨清確實是這一時期《創造月刊》的主編。「杜荃」是不是郭沫若，他肯定見了原稿，也知道這一稿件來自何處，誰寫的。他要是來證實，這個謎案就可以解開，。可惜王獨清已於 1940 年故去。「杜荃」到底是不是郭沫若這個謎案恐怕要成為千古之謎了。

在理論上，我們可以說「杜荃」是郭沫若，但因為缺乏實證，我們對這一表述心裡仍然覺得不踏實。應當說，在「法」的層面上，「杜荃」是不是郭沫若還沒有得到解決。

七一、陳夢韶的劇作《絳洞花主》世上還有留存嗎？

陳夢韶（1903-1984），名敦仁，字夢韶。福建同安人。少年時放羊割草，9 歲起，父親去南洋做舵工，始入私塾讀書。15 歲在縣城啟悟小學畢業，升入鼓浪嶼尋源書院中學部。1921 年廈門大學成立，他即應試被教育系錄取。1926 年初於廈門大學教育系畢業，獲學士學位。魯迅在廈門大學任教時，陳夢韶已經畢業離開廈門大學，但常回去聽魯迅《中國文學史》和《中國小說史》課程。1926 年 4 月 6 日廈門大學校慶時，他據《紅樓夢》編寫的 15 幕劇作《絳洞花主》在校園裡上演。同年 10 月的一個晚上，陳夢韶將《絳洞花主》劇本拿去向魯迅請教。1927 年 1 月 4 日，魯迅為《絳洞花主》寫了《小引》，並將《小引》並劇本原稿寄還。魯迅在《小引》中稱讚陳夢韶劇作「此本最後出，銷熔一切，收入十四幕中，百餘回的一部大書，一覽可盡，而神情依然俱在；如果排演，當然更可觀。我不知道劇本的作法，但深佩服作者的熟於情節，妙於剪裁。」魯迅的這番話成了對《絳洞花主》的權威性的經典性評論。魯迅建議他將書稿寄北新書局試試看。1928 年冬，《絳洞花主》由上海北新書局印一千冊，北新書局還送此書的二本毛這本作為樣書送作者留存。不久，北新書局遭當局搗毀，已印的一千冊《絳洞花主》被焚毀。陳夢韶於廈門大學畢業後，在福建龍溪、永安一些中學和師範當國文教師。1945 年起任廈門大學副教授講《中國語文》、《文字學》、《現代漢語》、《古代漢語》等課程，直至逝世。著作除《絳洞花主》，還有《阿 Q 劇本》、《擇偶的藝術》，《大同新論》《魯迅在廈門》、《魯迅舊詩新譯》等。

可惜的是，1928 年北新書局版《絳洞花主》除送作者的那兩本毛邊書，餘皆被焚，無一留存。而且那兩本毛邊書抗戰期間在廈門將淪陷時，陳夢韶將其連同他的藏書寄存在一戰友家中。那位友人和陳夢韶的藏書均不知去向。所以 1928 年北新書局版《絳洞花主》現在是一本也找不到了，而那兩本毛邊本《絳洞花主》還在世上留存嗎，這也是一個謎了。

不過據推斷，這《絳洞花主》原稿或北新書局印本世上應該還有留存。國民黨當局搗毀北新書局一事，有的書上說是焚燒，有的書說是搗毀。如是「搗毀」，這《絳洞花主》印本應該還有流失民間的可能。何況寄存在友人家中的那兩本毛邊本，也只是不知去向，只是去了哪裡人們不知道而已。再說了，據彭定安、馬蹄疾所著《魯迅和他的同時代人》介紹，1926 年 4 月 6 日廈門大學校慶時，《絳洞花主》還曾上演過，即經上演過，那麼此書當有演出的腳本，這個腳本也應還在世上。

廈門大學出版社於 2005 年 1 月出版了由陳夢韶、陳元勝重新寫的《絳洞花主》。此書據陳夢韶之子陳元勝說是據當年廈門一個地方報紙副刊連載的八幕《絳洞花主》（實為提要，一幕文字僅有原幕的一半左右）重新編寫而成，但是 2005 年版《魯迅全集》在《〈絳洞花主〉小引》的注釋卻說：此書的小引、序幕及前六幕曾全文刊於 1936 年 11 月出版的《閩南文藝協會會報》上。很明顯，重寫本《絳洞花主》作者在重寫前未見刊於《閩南文藝協會會報》上《絳洞花主》序幕及前六幕的文本。這就是說，北新書局版《絳洞花主》應當還有七幕（含序幕）文字留存於世間。這七幕文字是 2005 年版《絳洞花主》作者在重寫時尚沒有見到的。這實在太可惜，如果能見到，那麼重寫本《絳洞花主》從文本上將更接近於 1928 年版《絳洞花主》，而不會有一些後來時代的認識與話語體系的殘留。

七二、魯迅為金九經題扇面了嗎？所題為何詩？

在魯迅世界，有一個朝鮮人，他叫金九經。2005 年版《魯迅全集》注「金九經」云：「金九經（1906—1950）朝鮮人。因不滿日本統治流亡到北京，借住未名社。後曾在北平大學教授朝鮮文和日文。」他與魯迅有過短暫的交往。1929 年 5 月 31 日，他與日本人塚本善隆、水野清一、倉石武四郎到魯迅西三條寓所觀造像拓本，其時正是魯迅 1929 年第一次回北平探望母病。6 月 2 日夜，金九經與水野清一造訪魯迅，可能意在話別。6 月 3 日魯迅就要返上海了。6 月 3 日下午 2 時魯迅乘火車自北平返上海，送行時還贈一本《改造》雜誌給魯迅。以後，魯迅日記再無與金九經往還的記載。

沈家駿先生在 1988 年出版的《紹興魯迅研究專利》第 7 期上發表了一篇文章，題目是《魯迅應許壽裳代作五言詩》。此文的結尾說：「一九二九年有個不滿日本帝國主義統治的朝鮮人住在未名社，魯迅先生極為關心朝鮮的情況，同他長談，並為他在扇面上題了一首詩。這一首詩究竟是什麼內容，或有無其事，至今還是『謎』。」是的，從這件事披露之後，整整二十五年又過去了，我們一直未發現魯迅為金九經所題的扇面詩，連這首詩的題目或片段文字也從未見過，除了沈家駿，沒有第二個人談過這件事。這件事是有或沒有，如有是何詩，是別人的詩還是魯迅的詩？如是魯迅的詩，是舊作還是新作，那麼，魯迅詩作恐怕又要增加一首了。

七三、魯迅是怎麼知道「馬凡鳥」這一筆名的？

1927 年 11 月 2 日魯迅日記記：「午蔡毓驄、馬凡鳥來。」蔡毓驄、馬凡鳥是復旦大學學生會的代表，是來請魯迅赴復旦大學講演的。當天午後魯迅去復旦大學演講，講題是《關於革命文學》，未收各版本《魯迅全集》。有馬彥祥記錄稿，但此稿不知去向。現存蕭立記錄稿，發表於 1928 年 5 月 9 日上海《新聞報・學海》第二八二期。朱金順的《魯迅演講資料鉤沉》（湖南人民出版社 1980 年 4 月版）、馬蹄疾《魯迅講演考（黑龍江人民出版社 1981 年 9 月版）、劉運峰《魯迅佚文全集》（群言出版社 2001 年 9 月版）、童秉國《魯迅演講全集》（長江文藝出版社 2007 年 6 月版）均收錄此文。2005 年版《魯迅全集》注「馬彥祥」云：「馬彥祥（1907—1988），筆名馬凡鳥，浙江鄞縣人，戲劇家。馬叔平之子，1927 年為上海復旦大學國文系學生。」馬叔平為馬幼漁之三弟，與魯迅有過書信往還，飲宴應酬及互贈拓片之類的友誼。

馬彥祥在一封信中說，《魯迅日記》影印本出版時，他看到 1927 年 11 月 2 日《魯迅日記》竟有他的筆名馬凡鳥。他不知道魯迅是怎麼知道他的這一筆名的，他說：「承詢關於『凡鳥』一名，比不僅使我回想起五一年（？）《魯迅日記》原稿影印版初出版時，我讀到這段日記，當時就感到有個問題很難理解。『凡鳥』確是指的我，這是我一九二三至一九二六年間在京滬一些報紙上寫戲曲、電影小評論時所經常用的一個筆名，但一九二六年以後，我就再也沒有用過它。在那次我邀請魯迅先生去復旦講演以前，我和魯迅先生並無交往，他是不可能知道這一筆名的，即使知道這個名字，也不可能和我聯繫在一起的。怎麼他的日記裡會寫了我的這個筆名呢？我至今還是百得不思其解。」這事情是很奇怪。難道馬彥祥見魯迅自報家門時未報本名而是報了筆名的嗎？不會的吧。在這種場合，只宜通報自己的本名，豈有自報筆名之理？再說了，「馬凡鳥」也不是怎麼一個特別有名的筆名。也許魯迅是從馬叔平那裡知道的吧，但即使如此，魯迅怎麼會知道來拜見的馬彥祥就是馬凡鳥呢？這真的是一個謎。而當事人都已經不在世，這個謎案有可能是永遠解不開了。

七四、魯迅致許羨蘇的 110 封信都哪裡去了？

在魯迅世界，許羨蘇應當說也是一個較為重要的人物。她是著名作家許欽文的四妹。字淑卿。《魯迅日記》有時也寫作璿蘇、許小姐。浙江紹興東浦村人，與魯迅自然是同鄉。1901 年 2 月 6 日生。幼年時上過家中的私塾，後入徐錫麟創辦的東浦村熱誠小學插入三年級。1915-1920 年夏在紹興女子師範學校讀書，魯迅的三弟周建人是她的生物課老師。1920 年秋隻身來到北京考北京大學，未考上，後考取北京女子高等師範學校數理系，這所學校後改名為北京女子師範大學，人們稱之為「女師大」。考學期間，因為無地方食宿，她便去找自己的老師周建人。周建人與羽太信子（周作人的妻子，時為八道德 11 號周宅的當家人）商議、征得同意後，許羨蘇住進八道灣 11 號周宅。考上後移住學校學生宿舍。此後每逢節假日便與同學俞芳常常在一起去看望魯迅的母親魯瑞。1924 年在女師大畢業，她是許廣平高一年級的學友。畢業後由魯迅介紹在私立華北大學附屬中學教數學。1925 年秋，因為所住的公寓不太安全，便第二次住進魯迅家，這回是住在阜成門西三條胡同 21 號魯迅寓所的南屋。1926 年魯迅介紹她到女師大圖書館工作，這次是住在學校裡，不久又到翊教女子中學教書。因為此時魯迅南下，魯迅托她照看老母和代辦在北京的一些事宜，魯迅的母親也希望有一個紹興姑娘在家裡熱鬧一些，許羨蘇第三次住在魯迅家，這回是住在魯迅西三條胡同 21 號魯迅寓所的「老虎尾巴」，就是魯迅寫《彷徨》、《野草》、《中國小說史略》等名著的地方。一直到 1930 年 2 月末，因為許羨蘇要到大名府河北第五女子師範學校工作 離開了西三條胡同 21 號。不久結婚，與丈夫余沛華一起去杭州。這一年她還到上海的魯迅寓所——拉摩斯公寓即北四川路 194 號 3 樓 4 室探訪過魯迅。1931 年在浙江蕭山、杭州等地教書。1937 年赴上海小住，不久離上海赴成都定居，在成都的中學教數學。解放後，許羨蘇來北京，先後在中央出版總署檔案室，文化部出版局幼稚園、北京魯迅博物館工作過。50 年代末退休。1979 年丈夫逝世後與兒子住在大連，後與幼子余錦廉去烏蘭浩特。1980 年隨余錦廉遷居長春。1986 年 4 月 29 日在長春病逝。終年 85 歲。

自 1921 年 10 月 5 日至 1930 年 7 月 24 日魯迅寫給許羨蘇的信共 110 封。這個數字比魯迅給許廣平的 80 封信還多出 30 封。有人據此，還根據許羨蘇曾三次入住魯迅家，給魯迅織過圍巾、毛背心等，便說魯迅與許羨蘇之間是有了一種曖昧的關係。

最早散佈這種流言的是曹聚仁。他在《我與我的世界》這樣說：「魯迅生平有五位姓許的知己朋友，三男：許季上，許壽裳和許欽文，二女：許羨蘇（許欽文的妹妹）和許廣平。朋友們的心中，都認為許羨蘇小姐定將是魯迅的愛人，不過男女之間的事難說得很，我在這兒也不多說了。」曹聚仁的這篇文章大約發表在解放前。上一世紀 80 年代末 90 年代初，我國文壇又掀起了一段小小的「許羨蘇熱」，重彈曹聚仁的老調。最先說這種話的是《三人行》的作者曾智中。他在 1989 年 1 月 15 日《成都晚報》上發表一篇短文：《聖人，站在真實的土地上》。他據了曹聚仁的那句話，說許羨蘇三次住進魯迅家，特別是第三次入住時間之長竟達三年半之久，便含蓄地說：「這時她已屆而立之年了！我隱隱覺得這麼長時間內她似乎在等待著什麼，而當她最終明白這等待是擔雪塞井，炒砂作飯後，就與我們的四川老鄉余沛華結為伴侶，去了山遙水闊的西蜀。」許羨蘇等待什麼，曾先生未點破，但一看便明白，那是說許羨蘇在等著魯迅。可是曾智中先生弄錯了。許羨蘇是 1926 年魯迅南下後入住西三條胡同 21 號的，直至 1930 年 2 月去河北大名。這期間魯迅與許廣平相戀已是既成事實，後來就同居了。這些許羨蘇都知道，一入住時就知道，魯迅與許廣平南下時同行，許羨蘇是到車站的送行者之一，在這種情況下還在魯宅苦苦等了三年半，許羨蘇是傻子嗎？曾智中當時大約是連魯迅何時與許廣平戀愛、南下、同居、生子都是不清楚。別人都已成雙成對，同居生子，世上有這樣苦等的先例嗎？曾先生的這篇文章原擬印在《三人行》後面作為後記，後來為了慎重，從《三人行》中將這篇短文抽出。第三個出來饒舌的是日本的中村龍夫。他在 1991 年 9 月出版的《紹興魯迅研究專利》第 12 期上發表文章《封建婚姻的犧牲者——朱安》，他在文中說：「在師生之間（指魯迅與許羨蘇，其時魯迅並沒有教過許羨蘇——引者注）好像有了秘密關係，朱安用女人的感覺也是可察覺的」，只是後來許羨蘇的任務由同一女子高等師範的學生許廣平代替了。此後持同樣看法的尚有馬蹄疾、龔明德、南江秀一。馬蹄疾在 1993 年第 5 期《人物》發表了《魯迅與許羨蘇》一文。他據魯迅致許羨蘇信之多，許羨蘇三住魯迅家，許羨蘇給魯迅織過圍巾、毛背心等暗示了這種曖昧關係。馬蹄疾還在一次魯迅研究的國際研討會上與筆者說，許羨蘇的幼子余錦廉反駁他的觀點，指余錦廉先生發表在《魯迅研究月刊》1994 年第 6 期上的《我談「魯迅與許羨蘇」》是「不識抬舉」，顯然，馬蹄疾認為他將許羨蘇與魯迅扯進情愛關係是抬舉了許羨蘇及其家屬，可許羨蘇的家屬「不識抬舉」，還來寫文章反駁他。這真是讓人哭笑不得。情愛關係有就是有，沒有就是沒有，這和抬舉不抬舉扯得上嗎？龔明德先生在 1993 年 5 月 1

日的《文匯讀書週報》上著文《居蓉十餘年的許羨蘇》也是據了通信之多、許羨蘇為魯迅織圍巾、毛背心等暗示了這種關係。南江秀——在 1993 年第 10 期《書城雜誌》著文《魯迅的女友：許羨蘇》比馬蹄疾先生、龔明德先生更坦誠，直稱許羨蘇是魯迅的女友。「女友」與「女性朋友」的意思大約不大一樣吧，這實際就是「女朋友」、情人的意思。現在報上常見某某與「女友」同居，這個「女友」絕不是女性的朋友。

筆者不同意上述諸位先生的看法，曾先後寫有《魯迅與許羨蘇》、《也談魯迅與許羨蘇》、分別在 1994 年 1 月 27 日《長春日報》和 1994 年 12 月出版的《紹興魯迅研究專利》第 15 期上發表。大致說來，筆者的意見是魯迅與許羨蘇之間的通信等等，都是現代社會正常的男女之間的人際交往，不能據寫信的多少定是非，要看信的內容。這些信其實都是魯迅南下後致母親的家信，許羨蘇致魯迅信也是受魯迅之托辦事的覆信，這些不是情書。也不能只據三住魯迅家，織毛背心等定是非。據許羨蘇說，周建人是自己的監護人，周建人去上海後，魯迅成了自己的監護人。魯迅為許羨蘇上學、食宿、工作等幫了不少忙，受魯迅之托辦一些事也是理所應當和十分正常的。可以肯定，魯迅與許羨蘇之間的關係絕不是愛情關係。這裡有兩個最重要，筆者先前未曾說過的反證，就是許羨蘇長得也並不漂亮。就容貌講，她比朱安好一點，但也好不了太多。這個問題是不可以回避的。魯迅認為朱安不可心，有人說是因為腳小，這可是小題大作。朱安如果腳小但有容貌，魯迅大約也不會讓她成為掛名之妻。男女之間的事，有好多時候這個外形是起重要作用的。所謂「郎才女貌」這話不假，也是一個規律，何況魯迅又是這樣一個曠世的奇才和名人，魯迅為什麼看上許廣平？有人說是許廣平有才、進步。這可以是個條件，但光是有才、進步還不行，如果許廣平醜的如朱安，魯迅是不會要她的。大致說來，許廣平的容貌還是比較可以的，還是有一定的女性魅力的。所以，從愛情心理學的角度講，魯迅與許羨蘇之間絕不會是一種愛情關係。這種關係就是寫了 1,100 封信也與愛情無涉；如果雙方是愛情關係，一封都不用寫或只寫幾封就夠了，還要百多封嗎？還有一個反證就是許羨蘇去北京魯迅博物館工作是許廣平推薦介紹的，如魯迅許羨蘇真是那樣的關係，許廣平怎麼會為許羨蘇調動工作？本來是正常的人際交往，破一些先生扭曲了，他們說的話，好像是家庭婦女的指指點點嘁嘁喳喳。

余錦廉先生對這一些閒言碎語也有批評，他寫了《我談「魯迅與許羨蘇」》一文登在 1994 年第 6 期《魯迅研究月刊》上。但好像除此之外，魯研界的好多名家都默不作聲，這事煞是奇怪。

應當說魯迅與許羨蘇的關係不是一個謎；但這其中真的有一個謎，就是那些信。

前文說過，魯迅致許羨蘇共 110 封（1921 年 1 封，1924 年 1 封，1926 年 24 封，1927 年 33 封，1928 年 19 封，1929 年 26 封，1930 年 6 封），而許羨蘇回信據《魯迅日記》查是 94 封（1921 年 1 封，1926 年 15 封，1927 年 25 封，1928 年 19 封，1929 年 22 封，1930 年 9 封，1932 年 1 封，1933 年 2 封），這 204 封信如今下落不明。《魯迅全集》沒有收入一封致許羨蘇信。只在拙著《魯迅書信鉤沉》中收有魯迅 1929 年 9 月 25 日和 1930 年 1 月 20 日致許羨蘇信的片言隻語，它們分別是：「從家用款中取泉五十送侍桁家」。「由家用中借給霽野泉百」。這兩句話是存在《魯迅日記》中，自然是非常可信的。魯迅致許羨蘇的 110 封信，如今僅留下這兩句話，這兩句話也夠彌足珍貴的。在上海迄今也未發現一封許羨蘇致魯迅信。許羨蘇在《回憶魯迅先生》（文刊《魯迅研究所資料》第 3 輯）

中說：「一九三一年（應為 1930 年——引者注）當我離開魯迅先生的家往河北第五女師去的前夕，我把魯迅先生的來信，捆成一包交給了朱氏，以備有事要查查，後來不知她怎麼處理了。在整理故居的時候，在朱氏箱內，並沒找到。否則可以多一些手稿，而且也可以瞭解當時許多事情。」這些信，有人分析可能還在世上，但是筆者分析可能是已被朱安銷毀了。朱安不識字，她保存這些信也沒用。朱安對魯迅一直懷有不滿，作為報復，銷毀這些信也是可能的。而據曹聚仁講，當時北京的一些朋友看出許羨蘇可能成為魯迅的愛人，朋友都有這些錯覺，作為女人的朱安，她的世界又十分愚昧、封閉，她不會也不產生錯覺。有這個錯覺，一氣之下付之一炬也有可能的。筆者還想，許羨蘇說這 110 封信都交給了朱安能不能是一種障眼法，或許這些信根本並未交給朱安，而是在不斷的搬遷過程中弄丟了也說不定，據許羨蘇講，魯迅贈她的書就是在杭州遷居時丟失的。當然這些只是推測，不是實證。魯迅這 110 封信時至今日，在還是不在仍是一個謎。

許羨蘇的說法還有一個漏洞。許羨蘇是 1930 年 2 月底或 3 月的 1、2 日離開周宅去大名河北五女師的，這有《魯迅日記》為證，1930 年 3 月 18 日《魯迅日記》記：「得淑卿信，四日大名發。」這表明 1930 年 3 月 4 日許羨蘇已在河北大名。而此後她仍收有兩封來信，這便是 1930 年 4 月 19 日信和 7 月 24 日信。這兩封信無論如何不在那一捆交給朱安的小包內。這兩封信為什麼也下落不明更是一個謎。筆者曾在與余錦廉的交談中問過余錦廉，他母親的遺物中是否還有魯迅的文字，余先生回答說是沒有。魯迅致許羨蘇的 110 封信，還有許羨蘇致魯迅的 94 封信都哪裡去了，這個謎 80 多年尚無人解得開。

七五、是誰向魯迅說國民黨政府發出了對魯迅的通緝令？

1930 年 2 月 13 日，在李立三的策劃下，中國自由運動大同盟在上海成立。魯迅出席了同盟的成立大會，並為同盟的發起人之一，在《中國自由運動大同盟宣言》上簽了名。發起並簽名者尚有郁達夫、田漢、鄭伯奇、馮雪峰、潘漢年等共 51 人。開會的地點是在愛文義路（即現在北京路與成都路路口）的聖彼得堂。《魯迅日記》寫為「法教堂」，1981 年版《魯迅全集》注為漢口路和江西路路口的聖公會教堂。魯迅可能是為了安全的原因才寫為「法教堂」，《魯迅全集》對此地址是弄錯了。丁景唐、周國偉在《上海魯迅研究》第 13 輯上發表的《中國自由運動大同盟成立大會會址在何處》一文對此作了考證與糾正。從各種情形看，丁景唐、周國偉二位先生的考證是正確的。筆者從丁、周二先生說。

中國自由運動大同盟成立後，上海的媒體立即作出了報導。不久，國民黨 政府對該盟採取了取締的措施。國民黨上海市黨部執委、上海市教育局局長陳德徵對該盟的成立予以抨擊，國民黨中央宣傳部已呈請「常會函國府」嚴令上海市及各省市查封國盟各機關並通緝主持人在案。但也只是「呈清」，沒有見到當時的「國府」通緝中國自由運動大同盟發起人和「主持人」的通緝令。1930 年 3 月 19 日下午魯迅應邀前往中國公學分院講演，可能是這時有人對魯迅說國民黨浙江省黨部呈請通緝「墮落文人魯迅」，國民黨政府對魯迅等人發出了通緝令之事，魯迅當晚即至內山完造家的三樓避難，直至一個月後的 4 月 19 日這段避難生活才結束，魯迅回寓。

對於外間所傳的國民黨政府通緝「墮落文人魯迅」之事，魯迅是一生一世刻骨銘心並且深信不疑的。1930 年 12 月 16 日他在《兩地書‧序言》中首次公開了國民黨政府對其下了通緝令一事，他說：「待到一九三〇年我簽名於自由大同盟，浙江省黨部呈請中央通緝『墮落文人魯迅等』的時候，我在棄家出走之前忽然心血來潮，將朋友給我的信都毀掉了。」1935 年 12 月 31 日他又在《且介亭雜文二集‧後記》中再次向外界公開了這一資訊：「為了自由大同盟而呈請中央通緝『墮落文人魯迅』，也是浙江省黨部發起的，但至今還沒有呈請發掘祖墳，總算黨恩高厚。」1936 年 2 月 23 日他在《我要騙人》一文中說自己「自由早被剝奪」，也是暗點了此通緝令之事。而在致友人的書信中，他也不止一次地點了通緝令之事。1930 年 3 月 27 日在致章廷謙信中告訴章廷謙自己「現在不能住在寓裡」，暗指這次政治避難。1933 年 2 月 13 日在致程琪英信中又說：「現在很少著作，且被剝奪了發表自由，前年，還曾通緝過我，但我沒有被捕。」1936 年 2 月 10 日在致黃萍蓀信中，拒絕黃萍蓀之約稿，其理由便是「但作為六七年前以自由大同盟關係，由浙江黨部率先呈請通緝之人，……肯在此輩治下，騰其口說哉」。魯迅不但在公開場合和私下場合說到通緝令之事，他還為此事給自己取了個筆名「隋洛文」，這「隋洛文」便是「墮落文人魯迅」的減筆所構成的，與此相關的筆名還有「洛文」、「樂賁」、「樂雯」、「洛」、「樂文」的變體，而這些筆名使用的頻率也較高。據查，魯迅在《被解放的堂‧吉柯德（第一篇）》、《洞窟》、《肥料》、《（士敏土）代序》、《窮苦的人們》、《我要活》等譯文使用了筆名「隋洛文」；在《「日本研究」之外》、《介紹德國作家版畫展》使用了筆名「樂賁」；在

《〈描寫自己〉和〈說述自己的紀德〉.》用了「樂雯」；在《不能那麼寫》用了「洛」；在《關於女人》、《真假唐吉訶德》、《經驗》、《諺語》、《大家降一級試試看》、《沙》、《上海的少女》、《上海的兒童》、《偶成》、《漫寫》、《世故三昧》《謠言世家》、《火》、《作文秘訣》、《為翻譯辯護》、《各種捐班》、《由聾而啞》、《關於翻譯（上）》、《關於翻譯（下）》等用了「洛文」；在《藥用植物》用了「樂文」。在譯文和雜文中使用此類筆名竟有 29 次之多。而在致增田涉的 58 封信中，也有 32 此用了「隋洛文」或「洛文」。細述有 1932 年 5 月 13 日信、1933 年 10 月 7 日信用了「隋洛文」；1932 年 5 月 22 日信，1933 年 6 月 25 日信、11 月 13 日信、12 月 2 日信，1934 年 4 月 11 日信、5 月 11 日信，5 月 19 日信，5 月 31 日信，6 月 7 日信、6 月 27 日信、9 月 12 日信、11 月 14 日信，12 月 2 日信、12 月 14 日信、12 月 29 日信，1935 年 1 月 25 日信、2 月 6 日信、2 月 27 日信、3 月 23 日信、4 月 9 日信、4 月 30 日信、6 月 10 日信、6 月 22 日信、7 月 17 日信、8 月 1 日信、9 月 11 日信，1936 年 9 月 15 日信、10 月 5 日信、10 月 11 日信、10 月 14 日信用了「洛文」。魯迅自 1930 年 6 月 10 日在《被解放的堂・吉訶德（第一幕）》中第一次用這類筆名，直至 1936 年 10 月 14 日即去世前五天還在使用這類筆名，可謂刻骨銘心、至死不渝的。

可是事實上到底浙江省黨部是否有通緝「墮落文人魯迅」的呈文，當時的國民黨政府是否真的下了通緝魯迅的密令，還是個值得認真探索的問題。

經過認真查考，筆者認為，魯迅所謂的浙江省黨部的呈請通緝和國民黨政府已下通緝令之事恐怕是個子虛烏有的虛構。這有以下的事例為證。

首先，最權威的人證應是國民黨浙江省黨部機關刊《東南日報》記者、《越風》主編黃萍蓀先生。他在 1948 年 6 月出版的《子曰》叢刊第 2 輯上著文專門談了此事，其文題為《魯迅與「浙江黨部」之一重公案》。文中說：他約魯迅為《越風》寫稿，魯迅於 1936 年 2 月 10 日回信說及了通緝令之事。他接信後托熟人打聽，「據說並無此事，不知魯迅從何聽來，要我寫信反詰。部中高級人員，並向我負責擔保，魯迅如果不信，可以請他到杭州來，看有沒有人找他的麻煩」。黃萍蓀將此向國民黨的浙江省黨部詢訪結果覆函告訴魯迅，魯迅未覆信。大約是這一年 8 月的一天，黃萍蓀到上海內山書店拜見魯迅，二人還吃了一次館子。在飯桌上的交談中，黃萍蓀又一次將浙江省黨部的答覆告訴魯迅，並說：「郁達夫君返杭，也向我提及此事，說他也單上有名。（郁達夫名列自由大同盟 51 人簽名者之首。據傳浙江省黨部通緝令中也有郁達夫——筆者）但他已經在杭州住了年多，倒並無不便之處，即此足以證明傳言之不確。」魯迅回答說：「其時我也是朋友告訴我的。不過，照當時情形推想，絕非捕風捉影之談。」但魯迅終於答應「騰其口說哉」，為《越風》寫稿。可惜稿未及寫，一個多月後魯迅即病逝。這說明，通緝令之事魯迅是聽朋友說的，是道聽塗說，不能證實。經黃萍蓀說明後，魯迅之意見稍有鬆動，答應為《越風》撰稿，但仍相信通緝令之事絕非捕風捉影和空穴來風。

其次是著名魯迅研究家倪墨炎先生。他的《魯迅舊詩探解》一書有《關於黃萍蓀》一文。他在文中說，他曾去南京查過「國民黨有關檔案，並未發現和黃萍蓀所說有相反的材料」。這就是說，倪墨炎先生在查閱國民黨有關檔案未發現國民黨浙江省黨部呈請通緝「墮落文人魯迅」的呈文和國民黨政府通緝魯迅等人的密令。判定一事之有無，靠道聽塗說不行，得有實證。在沒有任何實證的情況下，我們應當說：所傳之通緝令之事，事實並不存在，在魯迅，這只是一場虛驚而已。

另外，我們還可以推論所謂「通緝令」之事，事實上並不存在。

其一，照常理推測，「人犯」逮不著才發通緝令，而國民黨當局當時已知魯迅在上海，住景雲里。這裡是「中國地界」，不是租借地，他的三弟周建人即在景雲里附近的商務印書館工作，通過周建人亦可找到周樹人。要逮捕魯迅的話，只要派幾個特工，即可逮個正著，有什麼必要發通緝令？如發通緝令不是等於通知魯迅叫他火速逃跑嗎？

其二，此事由國民黨浙江省黨部呈請通緝也講不通。中國自由運動大同盟是在上海成立的，與浙江無關。國民黨上海市黨部沒有「呈請」，浙江省黨部來「呈請」，豈不是有些多管閒事和越俎代庖？

其三，國民黨當局在魯迅逝世不久下達了一個關於魯迅逝世的宣傳報導口徑的「密令」。這「密令」說：「一、魯迅在五四運動時，提倡白話，創作小說，於文化界自有相當之貢獻，此點自可予以讚揚；二、自轉變為左翼作家後，其主張既欠正確，著作亦少貢獻，對於此點，應表示惋惜。至盲從左翼分子之無謂捧場文章，利用死者大肆煽惑，尤應絕對禁止刊載。」這一密令可看成是國民黨當局對魯迅的總體評價。這一評價可以說是功過各半。有如此之評價，是不大可能發什麼通緝令的；懾於魯迅的威望，國民黨當局也不會對魯迅發什麼通緝令。

其四，黃萍蓀與魯迅交往也證明不大可能有通緝令之事。黃萍蓀托郁達夫求魯迅墨寶，魯迅於 1933 年 6 月 28 日書一贈黃萍蓀條幅，這便是《「禹城多飛鴞」》；黃萍蓀向魯迅約稿，並贈其《越風》半月刊；黃萍蓀於 1936 年 2 月 15 日出版的《越風》1 卷 5 期刊發冬藏老人的《雪夜訪魯迅翁記》歌頌魯迅，稱魯迅是「我們越國的才子」,「對魯迅的毀譽」一概無損於迅翁,1936 年 8 月又與魯迅吃館子;黃萍蓀還在魯迅逝世後將《「禹城多飛將」》手跡製版刊在 1936 年 10 月 31 日出版的《越風》1 卷 21 期的封面上,表達了對魯迅的緬懷之意。魯迅如是浙江省黨部呈請國民黨政府已下令通緝之「要犯」,黃萍蓀怎麼敢做出以上這些舉動?要知道黃萍蓀自 1930 年起就是《東南日報》記者;要知道,《東南日報》、《越風》都是國民黨浙江省黨部的機關刊,CC 系的陳果夫還是《東南日報》董事長,黃萍蓀長幾個腦袋敢這麼幹?黃萍蓀敢這麼幹,唯一的解釋是根本沒有通緝令這回事。

其五,黃萍蓀在刊發《「禹城多飛將」》的真跡前,曾就刊發魯迅真跡事(黃並未說是什麼內容的魯迅真跡)請示他的頂頭上司胡建中。胡建中是《東南日報》社社長,國民黨浙江省黨部常委。經請示,胡建中同意黃萍蓀的作法,並說:「魯迅,不管怎樣,終究是我們這一代的文學巨擘!」如果魯迅是「國府」通緝的「要犯」,胡建中怎麼會不知道,他怎麼會同意黃萍蓀的做法並說出那番話?

其六,周海嬰在《魯迅與我七十年》中披露,大約在 1935 年前後,國民黨軍統特務頭子沈醉曾在魯迅大陸新村居所對面的一棟樓房中安設了一個監視魯迅的特別的行動小組。如有異常情況,經請示後準備動手暗殺魯迅。後來觀察一段時間,未發現什麼異常,此行動小組便悄悄撤了。這表明,根本沒有什麼對魯迅的通緝令。因為如果有這一通緝令並一直未撤銷,沈醉完全可以當機立斷逮捕魯迅,根本用不著觀察、待命。不逮捕魯迅,表明無此通緝令。

其七,中國自由運動大同盟的發起人共 51 人,郁達夫名列發起人名單之首。黃萍蓀說,郁達夫也曾就此通緝令之事問過他,黃否認了此事。郁達夫在上海時常回杭州,後來乾脆搬家至杭州而且成了浙江黨部的座上客。浙江省黨部要人許紹棣、胡建中常去郁達夫家做客，常常流連至深夜。這也表明根本沒有什麼「呈請」,「通緝」之事。因為據傳，以郁達夫為首的這 51 人皆在通緝之列。

現在很清楚，在通緝令問題上不存在謎案。與此有關的謎案卻應是，誰向魯迅說有此「呈請」與「通緝」之事。魯迅在與黃萍蓀交談中說，是一個朋友向他說的，這個朋友是誰？現在弄不清楚。魯迅是 1930 年 3 月 19 日晚開始避居內山家的。他聽到此通緝令之事也肯定是在這一天。魯迅可能是這一天下午去中國公學分院講演時有人告訴他的。因為如果魯迅在去講演之前知道此一情況，他便根本不會去講什麼演。而這次講演邀請和陪同人是鄭伯奇和潘漢年，估計魯迅是從他們那裡聽說的。然而這只是一個推測，根本沒有任何材料科證實這一個推測。所以這是一個不小也不大的謎案。

七六、敬隱漁何時蹈海而死？

敬隱漁像

敬隱漁是中國現代文學史上一個頗具傳奇與悲劇色彩的人物。他原名敬顯達，1902 年生於四川遂寧縣東林寺敬家灣。父親名敬大章，是一位中醫，也是一位虔誠的天主教徒。敬隱漁有四個哥哥，大哥，二哥，三哥均早逝，也無子女，連名字也沒有留傳下來。四哥敬顯耀，曾在天主教修院讀書，後在成都，新繁，邛崍等地的天主教堂做事，直至 1947 年 2 月去世，敬隱漁在法國時曾給他四哥寄過一封信並附有照片。敬隱漁 10 歲左右，父母相繼去世，因他家與天主教會關係密切，所以他被送到遂寧縣天主教堂。他 12 歲時，由法籍遂寧神父林方濟推薦，入天主教成都中心教區修院學習。他的法文和拉丁文是在修院學會的。有的材料說，敬隱漁是棄嬰，是一個好心人在垃圾桶旁發現了他，把他送到天主教育嬰堂。

這說法不是事實。《魯迅全集》上說，敬隱漁在「北京大學法文系肄業」，這個說法也不是事實，應當予以糾正。敬隱漁根本沒有上過北京大學。他的法文名是 J-B Kin Yn Yu，J-B 是他的教名 Jean-Baptiste 的縮寫，這個名字是教會裡的神父給他起的受洗名，他很喜歡這個名字，譯為中文便是施洗禮的約翰‧「敬隱漁」。「敬」是他的姓；「隱」是憂鬱，神秘之意，表現了他的性情；漁原為魚，在《聖經》中「魚」是健康、痊癒、求生之意，因為《聖經》中有一則故事說，一個人用魚治好了自己父親的失明雙眼。敬隱漁身體不太健康，他很瘦小，體質虛弱，手掌心常出汗，但他才思敏捷，聰穎過人，這成就了他作為一個作家與翻譯家的聲名。在成都修院，他的法文教師是鄧茂德。鄧茂德文學造詣頗高，曾在華西大學，四川大學講授法國文學。抗戰時，任法國駐成都領事館代領事，直至 19523 年才歸國。鄧茂德對敬隱漁的才華十分欣賞，他曾對敬顯耀的兒子說：你爸爸聰明，要好好向么爸爸學習。

1922 年，敬隱漁離開成都，來到上海，住在徐家匯天主教堂的學校裡，常到位於北四川路的創造社，開始走上翻譯與創作之路。他把郭沫若的小說《函谷關》譯成法文，在《創作季刊》上發表，還常在《創造日》、《小說月報》上發表散文與詩，成為創造社的一員。在創造社第二時期即「洪水時期」（1924 年 5 月至 1927 年 8 月），敬隱漁與周全平、倪貽德一起，參於了更多的創造社業務。這時他接受郭沫若的建議，開始翻譯羅曼‧羅蘭的《約翰‧克利斯朵夫》。為此，他與羅曼‧羅蘭通信，1924 年 7 月 17 日羅曼‧羅蘭給他回了信，這一封信後來發表在《小說月報》上。1925 年由羅曼‧羅蘭資助赴法國留學。在法國，他得到羅曼‧羅蘭的按月資助，此時，他將魯迅的《阿 Q 正傳》譯成法文，經羅曼‧羅蘭介紹發表在《歐羅巴》上，在法國期間，他常常去羅曼‧羅蘭的在瑞士日內瓦湖畔的家中拜訪。1925 年出版小說集《瑪麗》。含《蒼茫的煩惱》、《瑪麗》、《嫋娜》等四篇小說，後者被選入《中國新文學大系・小說一集》。1926 年他翻譯的《若望・克利斯朵夫》（即《約翰・克利斯朵夫》）在《小說月報》17 卷 1-3 期上連載，後來此書由商務印書館出版。不久，他又將魯迅的《孔乙己》和《故鄉》譯為法文。1929 年出有法文本《中國當代短篇小說家作品選》，其中收有他譯的魯迅的小說。在法國期間，他開始與魯迅通信。他收有魯迅 1926 年 2 月 27 日、4 月 25 日、7 月 27 日給他的信。這 3 封信均佚。1926 年 7 月 16 日魯迅托李小峰寄他小說 33 種，估計全是中國現代小說，是要敬隱漁譯成法文發表的，這大約便是他編譯的《中國當代短篇小說家作品選》的中文原文書。1926 你那 1 月至 1927 年 9 月他致魯迅信 7 封，魯迅收信日期為 1926 年 2 月 20 日、4 月 23 日、7 月 1 日、12 月 8 日；1927 年 2 月 11 日、3 月 22 日、10 月 15 日。魯迅敬隱漁這 10 封來往書信，除 1926 年 1 月 24 日致魯迅信發表之外，其餘 9 封均不知下落。

不久，他開始精神失常，顯出一種色情狂的病態，逐漸受到羅曼・羅蘭的冷落。1929 年冬，兩次由林如稷護送至馬賽始得歸國，住上海西門路西門里，常到書店閒坐，病情日重。1930 年 2 月 24 日訪魯迅，魯迅不見。魯迅這時可能已經知道他患了精神病。不久，敬隱漁跳海而死。

敬隱漁是投海而死了，一個不幸的天才作家，在孤零與寂寞中走完了自己不該走完的不堪的人生之路。可是敬隱漁是何時投海而死的，這卻是一個謎案。有一個時間上限可以肯定，他的自殺不會在 1930 年 2 月 24 日之前，可能即在這一天之後不久，不會到了 1931 年。

還有一個謎，就是敬隱漁譯的《阿 Q 正傳》還未發表，就有一個叫全飛柏生的人在《京報》副刊上發文，稱敬的譯文與原文有許多不合處。這全飛柏生是誰？是某名人的化名麼？這些全是無人知曉。

七七、魯迅「義子」廖立峨離開魯迅後的行蹤如何？

不少人都知道，魯迅還有一個「義子」，他叫廖立峨（1903-1962）。廣東興寧人。魯迅在廈門大學任教時教過他。魯迅離開廈門到廣州，他又隨魯迅轉學至廣州中山大學外語系。與魯迅過從甚密。後來魯迅到上海。1928 年 1 月 8 日，這一天，上海正下大雨。傍晚，上海一家旅館的茶沒給魯迅送來一封信。這信正是廖立峨寫的。他說，他和他的妻子曾立珍、曾立珍的哥哥一行三人已到上海。無錢住旅館，盼魯迅來幫助。魯迅接信後，即和三弟周建人一起打傘冒雨去接廖立峨等三人來寓。這三個人來到魯迅家，魯迅特騰出景雲里住處的樓下讓他們住，不但供住宿、伙食，還搭上他們的零用錢，還想方設法為他們找工作，真是費盡了苦心。這三個人為什麼投奔魯迅呢？後來，曾立珍在上海待長了，學會了普通話。她說，她的丈夫是以魯迅「義子」身份來求助的。既然是「義子」,「義父」有義務照管他們。魯迅根本不知道還有這麼一個「義子」, 他們也沒有公開認魯迅為「義父」, 只是這樣一廂情願地以「義子」身份自居，這也可算是魯迅世界的一樁奇聞了：以「義子」身份自居而雙方又沒有相認。

廖立峨一行住魯迅家，先是說要讀書，請魯迅負擔他們三個人的學費。這三個人的學費也是一個大數字，魯迅負擔不起，沒有答應。廖立峨又寫了幾篇文章，求魯迅介紹發表。可廖立峨的文章寫得太幼稚，根本拿不出手。這事魯迅也未給辦。廖立峨還要魯迅介紹工作。上海的工作不好找，魯迅找了幾處，終於在一個書店找到一個練習生的位置。每月新金 30 元，但這 30 元是由魯迅出的，魯迅將 30 元薪金交書店，再由書店方面發至廖立峨之手。想不到，他對這工作不滿意，不願去。待不久，曾立珍的哥哥要回家鄉，又是魯迅掏了腰包，給這個人拿了路費。沒過幾天，廖立峨的哥哥又來了。魯迅又為他租了房子單住，飯菜找人專門送去。廖立峨的哥哥是一個木匠，也托魯迅在上海找工作。魯迅托三弟周建人好不容易為他找到了工作，可是這個木匠不同意去。這個木匠不願在上海待了，想回鄉，這一次還是魯迅拿了路費。這樣廖立峨一家在魯迅家竟住了 7 個多月。最後他們待不下去了，要走了。走之前，廖立峨又向魯迅索去 120 元，還要魯迅給他買田地的錢。這買田地的錢自然是一個大數字，魯迅是拿不出的。魯迅對他們真是仁至義盡，可他們臨走時竟偷走了魯迅家中一些東西。1928 年 8 月 24 日《魯迅日記》云：「立峨回去，索去泉一百二十，並攫去衣被什器十餘事。」

廖立峨是魯迅世界一個少有的無賴、竊賊。可是與魯迅諸多學生比較起來，他又真是一個幸運兒。他的名字，在《魯迅日記》中竟出現了 69 次。他曾 39 次去魯迅寓所，還曾一次在魯迅家客居。魯迅還親自送他書與雜誌，送的書有《華蓋集續編》、《桃色的雲》、《阿爾志跋綏夫短篇小說集》、《文學與革命》、《野草》、《思想・山水・人物》和 4 本雜誌，還有一本周作人的《自己的園地》，這本書是「兄弟失和」5 年後送人的。這說明，魯迅在「兄弟失和」之後，對二弟業績仍十分關注，不但購置了二弟的書，也還把他的書當禮物送人。在廣州時，廖立峨還與魯迅一起遊覽毓秀山。還曾隨同魯迅、許廣平一起看過二次電影，第二次看電影是在山海，廖立峨之妻曾立珍也去了。有一次，廖立峨還同他人一起買了雞、魚、肉、菜來魯迅家午餐。魯迅在廣州時，由許廣平的小妹許月平經管的北新書屋停業，在將餘書送至共和書局時，廖立峨也來幫了忙。魯迅還有致廖立峨信 4 封，遺憾的是在《魯迅全集》中僅見 1927 年 10 月 21 日信，其餘 3 封不知去向。廖立峨還向魯迅 3 次借錢，共 160 元（不算離開魯迅的那一次）。這些借款，從《魯迅日記》看，沒有廖立峨還款的記錄，實際都是白送了。廖立峨又與魯迅、許廣平、何春才 4 人照過相。這些都是一個人一生十分珍貴的，難得的機遇。這個機遇卻讓一個無賴和偷兒碰上了，真是一件奇怪而又稀罕的事。

廖立峨離開魯迅時，曾和魯迅說：「我的朋友都看不起來，不和我來往了，說我和這樣的人住在一處。」當時正是魯迅和創造社的人進行「革命文學」論爭的時候，廖立峨口出此言，與這一論爭有很大關係，他的立場是傾向於創造社、太陽社一邊的。廖立峨離開後，於 1930 年 3 月又從廣州給魯迅寫了一封信，信中對魯迅十分不恭，說什麼：「原來你還沒有倒掉，那麼，再來幫助我吧。」對這樣一個忘恩負義的偷兒，魯迅當然不會回信了。但廖立峨此後的行蹤如何，現在看來又是一個謎。沒有人談他 1930 年 3 月以後去了哪裡，做了什麼，以何為業。《魯迅全集》注釋者知道他死於 1962 年，可是怎麼死的，死於何處，也沒有涉及。其他人沒有說及。這一謎案迄今尚無人破解。

七八、王阿花離開魯迅家命運如何？

海嬰生下後，家裡請了一個年青的女工帶海嬰，她就是王阿花。王阿花來魯迅家以前的身世，周海嬰先生在《魯迅與我七十年》中曾簡略介紹過：她是紹興人，丈夫姓什麼不清楚，只知是紹興章家埠的農民，患有「大腳瘋病」（俗稱象皮腿），喪失了勞動力，經常打罵、虐待她，有一次還要將她賣掉，她聞訊後便逃走，隻身一人來到上海，初在景雲里一家為人幫工，後經人介紹，來魯迅家帶海嬰。

王阿花人很秀氣，周海嬰在上書中有一段描寫：「從照片上看，她約莫二十五六歲，清秀的面孔，明亮的眼睛，瓜子臉，端正的鼻樑，烏黑而又匀整的『劉海』覆額齊眉，衣著整潔合身，神態端莊文靜，雙手扶抱著我坐在她的膝上。」與照片兩相對照，我們可以說周海嬰的描寫是如實而傳神的。後來因為她帶海嬰沒有經驗，常帶海嬰在外面冷的地方與人聊天，讓海嬰得了支氣管炎和哮喘病，魯迅家不久換了一個年紀較大的保姆帶海嬰。在魯迅家時，她丈夫曾打聽到她的行蹤，來景雲里要脅她，她將實情告知許廣平，後由魯迅出了 150 元贖身費，此事隨告平息。王阿花後來還在魯迅家待了一段時間。

王阿花抱海嬰照

不久王阿花離開魯迅家，她離開魯迅家以後的經歷便無人曉得了。她是又嫁人了嗎，還是到另一家為人幫工了呢？據周海嬰說，後來有人在橫浜橋附近見她乘坐人力車，衣著尚可，匆匆而過。如果她現在還活著該有百歲左右了，很可能她如今亦不在人世，這個謎案無人去解，可能是一個永恆之謎了。

七九、許媽叫什麼名字，她離開魯迅家後的身世如何？

魯迅的公子周海嬰幼時先後有兩個保姆，一個是王阿花，一個是許媽。王阿花前文已介紹過，這裡來講講講許媽。

王阿花因為年青，讓周海嬰小時得了支氣管哮喘。犯病時，海嬰不能平臥，這給周海嬰和魯迅、許廣平帶來很大的痛苦與不安。不久，魯迅家辭退了王阿花，請了一個年紀大一點的保姆。這就是許媽。大約自拉摩斯公寓至大陸新村 9 號帶海嬰的就是這位許媽。

許媽帶海嬰十分盡職盡責，常帶海嬰去室外玩耍，有時還花自己錢給海嬰買零食，像待自己的親兒子一般。魯迅逝世後，她便離開了魯迅家，回到故鄉江蘇南通。臨走時，她答應每年都來看海嬰一次。可是，也許是年紀大了，也許是日子過的十分拮据，她走後只來過魯迅家一次。這時許廣平家已搬至法租界霞飛坊了，時間是 1946 年，海嬰此時已上初中三年級了，許媽來看望海嬰了。她見了海嬰十分高興，但也有一點傷感，對海嬰說：「弟弟，這次看你長這麼大了，回去也放心了，恐怕這是我最後一次和你見面了。」真是這樣，許媽這次走後，再無音訊。她臨走時，還塞給海嬰一些零用錢花。

我們對於這位許媽，知之甚少，僅只她姓許，家在江蘇南通，到魯迅家時已近 50 歲。此外，我們對她就一無所知了。例如她有沒有名字，如果有，她叫什麼名字，她丈夫家在南通還是在南通鄉下？她有子女嗎？她最後一次離開魯迅家後的身世如何？什麼時候辭世的呢？這些都是難以解開的謎案，誰也說不清楚了。

八〇、王喬南據《阿 Q 正傳》改編的電影分鏡頭劇本《女人與麵包》哪裡去了？

王喬南（1896-？）原名王林。河北河間縣人。1917 年在北京中央陸軍測量學校地形專科畢業。1918 年考入北京陸軍講武堂。1920 年於講武堂畢業後任北京測量局地形課課員。1921 年轉入石景山龍煙煉鐵廠任監工。1924 年後先後任河北省立第九中學，寧安吉林省立第四中學，北京陸軍軍醫學校，唐山河北省立第四中學，遵化河北省立第五中學，河北省灤縣師範學校，保定河北師專，北京市立一中，四中，七中，二十二中等校數學教員。1930 年他在北京任職時，曾兩次寫信給魯迅（1930 年 10 月 5 日；1930 年 11 月 6 日），請魯迅允許他將《阿 Q 正傳》改編為電影劇本搬上銀幕。魯迅同意了他的要求。馬蹄疾先生 1979 年在修訂《魯迅全集》注釋時，曾訪問過王喬南。1982 年王喬南還曾兩次覆信馬蹄疾，談其一生履歷。就是說，直至 1982 年王喬南還在世，這時他已 86 周歲。王喬南何時逝世，死於何病，未見任何記載。這也是一個謎案，一時弄不清楚。

王喬南先生有幸收到魯迅的兩封覆信。這兩封信，均收入《魯迅全集》。請看這兩封信的原文：

1930 年 10 月 13 日信：

喬南先生：

頃奉到五日來信，謹悉種種。我的作品，本沒有不得改作劇本之類的高貴性質，但既承下問，就略陳意見如下：

我的意見，以為《阿Q正傳》，實無改編劇本及電影的要素，因為一上演臺，將只剩下了滑稽，而我之作此篇，實不以滑稽或哀憐為目的，其中情景，恐中國此刻的「明星」是無法表現的。

況且誠如那位影劇導演者所言，此時，編製劇本，須偏重女腳，我的作品，也不足以值這些觀眾之一顧，還是讓它「死去」罷。

匆復，並頌

曼福。

迅　啟上十月十三日

再：我也知道先生編後，未必上演，但即成劇本，便有上演的可能，故答覆如上也。

1930年11月14日信：

喬南先生：

頃奉到六日來信，知道重編阿Q劇本的情形，實在恰如目睹了好的電影一樣。前次因為承蒙下問，所以略陳自己的意見。此外別無要保護阿Q或一定不許先生編制印行的意思，先生既然要做，請任便就是了。

至於表演攝製權，那是西洋——尤其是美國——作家所看作寶貝的東西，我還沒有歐化到這步田地。它化為《女人與麵包》以後，就算與我無干了。

電影我是不懂得其中的奧妙的。寄來的大稿，恐未曾留有底稿，故仍奉還，此復，即頌

時綏

迅 啟上十一月十四日夜

這兩封信的價值在於，魯迅談了他自己對將《阿 Q 正傳》改編電影劇本的意見，他認為《阿 Q 正傳》實不宜搬上銀幕，「因為一上演臺，將只剩下了滑稽，而我之作此篇，實不以滑稽與哀憐為目的」。儘管如此，魯迅仍是同意王喬南先生將《阿 Q 正傳》改編為電影劇本。這自然是一個授權。

這個電影分鏡頭劇本初名《麵包與自由》，後改名《女人與麵包》，以「力工」為筆名，王喬南先生自費印行 650 冊。這個電影分鏡頭劇本，後來沒有拍攝，但印本並原稿王喬南先生竟無存。估計，這個劇本的印本世上還有，可是迄今無人發現他們。這 650 冊《女人與麵包》都去了何處，至今是一個謎，無人破解。

八一、《「慣於長夜過春時」》寫於何時，原詩稿在哪裡去了，贈山本初枝的詩幅哪裡去了？

魯迅有一首詩十分有名，這便是《「慣於長夜過春時」》。因為這首詩引入《為了忘卻的紀念》，而《為了忘卻的紀念》又是中學語文的傳統教材，所以能背得上來這首詩的人也是大有人在。而這首詩在藝術上造詣甚高，柳亞子說這首詩是「鬱怒情深，兼而有之」。郭沫若說這首詩是：「原詩大有唐人風韻，真切動人，可稱絕唱。」魯迅自己也十分喜愛這首詩，這首詩光是寫成詩稿詩幅示人或贈人就寫了 4 次，可見魯迅對這首詩喜愛的程度。

但是這首詩的謎團也較多。

謎團之一：這首詩寫於何時，現在找不到答案。這首詩是寫於原石等被捕乃至被害，魯迅躲到花園莊旅館避難的一個深夜裡。魯迅 1931 年 1 月 20 日至 2 月 28 日在花園莊旅館避難的。這首詩當然是寫於 1931 年 1 月 20 日至 2 月 28 日這 39 天中的某一天。王世家先生在《無題（慣於長夜過春時）的七件詩稿》（刊 2007 年第 11 期《魯迅研究月刊》）中將這一寫作時間限定於 2 月 16 日至 24 日之間，這是有道理的。因為據《魯迅日記》，1931 年 2 月 16 日這一天魯迅還在為營救柔石等人而付贖款 50 元。這就是說，柔石等人雖然已於這一年的 2 月 7 日被害，但在 9 天後的 2 月 16 日魯迅還不知道柔石等被害的消息，所以仍在設法營救，那麼，這首詩自然也就不會寫於 2 月 16 日之前。魯迅在 2 月 24 日致曹靖華信中說讀日本報，知道有「左聯」三男一女被害，這說明 2 月 24 日他已知道柔石等人被害的消息。所以，限定在 2 月 16 日至 24 日這 8 天之中是有道理的。但是這首詩是寫於這 8 天之中的那一天呢？人們卻不清楚了。這是一個謎。

謎團二：這首詩是有原稿的，但原稿現不存，它哪裡去了呢？王世家先生在前文中說，見過這一原稿的只有許廣平、馮雪峰二人。在馮雪峰得知柔石等被害之後的「三四天」，馮雪峰去花園莊旅館見魯迅，魯迅向馮雪峰出示了這首詩的原稿。許廣平也見過這首詩的原稿，她說詩稿中「過春時」原為「度春時」，後來覺得用「度」字不妥，才將「度」改為「過」。這首詩原稿哪裡去了，也是一個謎。

謎團之三：一年多以後，即 1932 年 7 月 11 日魯迅為日本友人山本初枝寫一詩幅，這一詩幅所錄的便是《「慣於長夜過春時」》。這一詩幅迄今尚未發現，除贈山本初枝，魯迅還將此詩寫成條幅贈臺靜農，書示和贈送許壽裳。這三幅現皆存世，唯獨不見贈山本初枝這一幅，這也是十分奇怪的。難道是這一詩幅毀於日本嗎？但也許是這一幅仍藏山本初枝後人手中，它還在，只是我們無影無蹤得見而已。事實到底是怎樣的，人們現在也說不清楚了。

八二、魯迅怎樣將十六箱書自上海運往北京？

《魯迅日記》1931年5月21日記：「上午將書籍八箱運往京寓。」同月30日又記：「運書八箱往京寓。」魯迅1931年5月份兩次將十六箱書運往北京的西三條寓所，這件事情值得特別關注。

魯迅是怎麼樣將十六箱書運往北京的呢？迄今筆者尚未見過與此有關的材料或介紹文字。估計，魯迅不肯能將這十六箱書通過租賃或借用汽車運往北京，那時公路貨運由上海至北京段並不十分暢通；通過飛機運輸也是不可能的，魯迅一生從未坐過飛機或使用過飛機；托去北京的熟人順路捎帶的嗎？也不大可能，因為不是幾冊書，而是十六箱書，托人捎帶有些不近人情和情理，魯迅不會這麼幹的。唯一的解釋是通過鐵路打郵運輸。遺憾的是這只是一種估計，沒有任何材料可為佐證。所以魯迅將十六箱書運往北京也就成了一個謎了。其實，魯迅為什麼要將十六箱書運往北京也是一個謎。難道上海的家不是家嗎，非要運往京寓不可？這是魯迅的什麼情結？他認為只有北京才是他真正的故鄉嗎？

八三、婦人之友會詳情如何，地點在何處？

1931 年 6 月 11 日魯迅日記記：「午後……往婦女の友會講一小時。」此處之「婦女の友會」，據 2005 年版《魯迅全集》注應為「婦人の友會」，譯為中文為「婦人之友會」。魯迅在婦人之友會講演講題不詳，內容也不詳。有據可查的魯迅演講為 57 次，這是其中的一次。所以魯迅這次演講都講了一些什麼是一個謎。而這一婦人之友會，大約是日本人在上海的一個婦女會之類的團體，其負責人為誰，是誰邀魯迅去婦人之友會講演的，這一婦人之友會在上海的什麼地方也都不清楚。這一連串的謎，因為長期以來無人破解，也見不到與此有關的任何資料，所以有可能成為一個永恆之謎。

八四、魯迅在一八藝社木刻部都講了些什麼？

1931 年 8 月 24 日魯迅在《日記》中寫道：「上午為一八藝社木刻部講一小時。」一八藝社成立於 1929 年，是杭州藝術專科學校部分學生組織的一個藝術團體。當時這一團體的一部分成員在上海從事藝術活動，魯迅曾對他們進行過輔導與幫助。據說，在這次活動中，魯迅是將自己所珍藏的畫片、畫冊做為教材向學生們進行講解的。這應當是一次講課，不是講演。

但是，魯迅在這次講解中都講了些什麼，現在也無從查考。林辰在他的《魯迅講演繫年》中稱此次講解「講題不明」。復旦大學，上海師大上海師院編的《魯迅年譜》說，此次講解「講題不詳」。北京魯迅博物館編輯之《魯迅年譜》亦云這次講解「講題未詳」。其實，這只是一次輔導，大約根本沒有什麼講題，而這一輔導的內容，竟連一個字也沒有流傳下來。魯迅在這次輔導中到底講了些什麼，也是一個曠世之謎了。

八五、許欽文對陶思瑾、劉夢瑩究竟有沒有愛慕之情？

許欽文（1897-1984），現代著名作家。原名許繩堯，筆名有欽文、蜀賓、田耳、湖山客等。浙江紹興東浦村人，與魯迅是同鄉。於村中徐錫麟烈士辦的熱誠小學畢業後，考入浙江省立第五師範學校，畢業後留母校附屬小學任教。「五四」時到北京工讀，曾在北京大學聽過魯迅的《中國小說史》課程，課餘為一些雜誌社做抄寫、校對、發行等工作。由於生活所迫，他開始寫小說。他的第一本小說集《故鄉》（1925，北新書局）是由魯迅選編和代付印刷費後才得以出版的。這書的封面是陶元慶的名畫《大紅袍》。這時他還出有短篇小說集《鼻涕阿二》、《毛線襪及其他》等。魯迅對許欽文的小說比較推崇，曾說：「寫青年心理，吾不如許欽文。」魯迅還在小說《幸福的家庭》中擬了一個副題《擬許欽文》。由於魯迅的提攜、扶植，許欽文在北京文藝界開始出名。他之出名，有人說比冰心還早。1927 年赴杭州任教。1932 年春至 1934 年夏因陶思瑾案兩次任獄，均經魯迅營救而出獄。不久，赴廈門工作。解放後，在浙江師範學院任教。1950 年加入中國民主促進會。1955 年任浙江省文化局副局長，中國民主促進會中央協行委員兼浙江分會副主任委員，浙江省政協常委兼秘書長、中國作家協會浙江分會副主席等職。他還寫了不少回憶魯迅的文章，為人們學習魯迅、研究魯迅提供了第一手信實程度很高的寶貴資料。

許欽文與我國著名封面畫家陶元慶是浙江第五師範學校的同學，二人過從甚密。陶元慶病逝後，錢君匋出 120 元，魯迅出 300 元，許欽文出 1.000 元為陶元慶建墓和建立陶元慶紀念室。陶元慶臨終之際，托許欽文照看其妹陶思瑾，望其將陶思瑾介紹給章克標。但陶思瑾對章克標並不感興趣，反倒相中了她的監護人許欽文。1932 年上海「一・二八」戰事起，日寇進攻上海閘北。陶思瑾和劉夢瑩所在的學校——上海藝術專門學校正好處於戰區。學校待不下去了，陶思瑾回杭州住在陶元慶紀念室，劉夢瑩也住在之理，準備幾天後回四川老家。1932 年 2 月 11 日下午，陶思瑾與劉夢瑩口角（一說因為二人同時愛上了許欽文而爭風吃醋），陶思瑾在劉夢瑩淋浴時，事先將電線插入水中，電死了劉夢瑩，這就是轟動一時的陶思瑾殺人案。案件發生後，許欽文以屋主之關係當日下午被鋪，關在杭州地方法院看守所。劉夢瑩的姐姐劉慶荇以「殺人」、「侵佔」兩大罪名控告許欽文，許欽文從此攤上了官司。但是殺人兇手是陶思瑾。案件發生時許欽文並不在場，此事有 7 人作證；劉夢瑩放在陶元慶紀念室中的手提箱仍在。所說「殺人」、「侵佔」兩大罪名實不成立。這時魯迅聞訊便托人營救。當時杭州監獄典獄長是陶書臣，他是辛亥革命烈士陶成章的後代，也是紹興人，在北京時曹與魯迅相識。魯迅便寫信託陶書臣秉公辦理此事。陶書臣很幫忙，許欽文於同年 3 月 18 日在蹲了一個月又七天的看守所之後被宣告無罪釋放。

許欽文獲釋後，劉夢瑩之姐劉慶荇並不甘心，於 1933 年 7 月又以「妨害家庭」罪對許欽文提起上訴，這次上訴，劉慶荇找了浙江省主席魯滌平。魯滌平是湖南人，劉慶荇也是湖南人，以同鄉關係，魯滌平向法院施壓，杭州地方法院又一次逮捕許欽文並判其徒刑一年。許欽文不服，上訴浙江省高等法院，許欽文又被加刑一年。

許欽文無奈，又上訴最高法院。1933 年 8 月 16 日最高法院當堂宣告許飲文無罪，但又以在劉夢瑩手提箱中搜出她的共青團證，以「臥藏共黨，組織共黨」兩項罪名正式逮捕許欽文並送人浙江軍人監獄。這次被捕，許欽文仍是遭了冤獄。劉夢瑩手提箱中藏有共青團證，許欽文並不知情。所謂「臥藏共黨，組織共黨」的罪名並不成立。許欽文第二次入獄後不久，魯迅又一次開始了營救行動。他請蔡元培幫忙，由於蔡元培的干預，許欽文於 1934 年 7 月 10 日出獄，在獄中共十一個月缺六天。這第二次入獄，許欽文在獄中寫有《不浪舟日記》、《小桃源日記》、《工犯日記》，反映這一次的獄中生活的詳情，為我們留下了當時浙江軍人監獄生活的方方面面，讓人大開眼界。

許欽文與陶思瑾案，現在仍有一些謎團並未解開。一，陶思瑾與劉夢瑩本來是非常要好的同學，陶思瑾為什麼要殺死劉夢瑩，其中原因說法不一。《魯迅全集》的注釋說，「因陶與劉發生衝突」；馬蹄疾說是「陶與劉因口角鬥毆，失手將劉殺死」；錢大緒在《時雨光萬物》一文（刊 2007 年春《上海魯迅研究》）說是由於情殺，不是「發生衝突」、「口角鬥毆」，而是陶事先在水中插了電線，將淋浴中的劉夢瑩電死。這三種說法，哪一個更接近事實，殊難確定。因為「發生衝突」、「口角鬥毆」便殺人，這事有點講不太通。說是情殺，又有些過於浪漫，也使人難以相信。二，許欽文在這一案件中，沒有任何責任，他的兩次入獄，自然是冤獄。但是陶思瑾與劉夢瑩如因為同時愛上他而致於情殺，許欽文也決定不會覺察不出來。許欽文在獄中對監獄醫務室兩個女醫生，還有一位看護婦都有些心動，稱她們是「聖母」，說許欽文對陶思瑾，劉夢瑩二人無一點愛慕之情怕是也說不過去。但是說許欽文確實愛上了這兩個年青，漂亮的藝專女大學生，我們也缺乏根據。所以，許欽文到底對陶思瑾、劉夢瑩二人有沒有愛慕之情。也難說得清。三，是陶思瑾的結局。許欽文在獄中日記中說陶思瑾被判了無期徒刑，儘管如此，陶思瑾在受審時仍是「若無其事」的樣子。而前面提到的錢大緒一文又說：許欽文與陶思瑾抗戰時隨犯人西遷，多年後才洗刷清楚，苦頭吃足。這句話肯定有誤。許欽文在 1933 年 7 月 10 日獲釋，並沒有「抗戰時隨犯人西遷」。錢先生這句話大約是單指陶思瑾吧，而陶思瑾確是「殺人兇手」，這根本不存在「洗刷清楚」的問題。看來，錢大緒先生這句話嚴重失實。可是，陶思瑾後來怎麼樣？還是在戰亂中得以逃獄，這些均不見有人談及。陶思瑾如能活到現在，也已一百多歲了吧？她如今還在嗎？還是已經離世？這也是一個不解之謎。

八六、魯迅為何邀妓略坐，此妓姓甚名誰，此前此後的身世如何？

1932 年 2 月 16 日魯迅在內山書店避難期間，與全家 10 人至同寶泰飲酒。他喝醉了。酒後 10 人復往青蓮閣飲茶。飲茶時魯迅邀一妓略來坐，給了她一元錢。這一天《魯迅日記》寫道：「夜全寓十人皆至同寶泰飲酒，頗醉。復往青蓮閣飲茗，邀一妓略來坐，與以一元。」

事情是這樣的，一月二十八日，《魯迅日記》記：「下午附近頗紛擾。」這是這一年的「一・二八」戰事起。魯迅當時住在拉摩斯公寓，窗的斜對面便是日本海軍陸戰隊司令部。當時戰事開始，日本侵略者的軍車向南開，與中國政府軍開戰。拉摩斯公寓正好處於戰區，當時一顆子彈破窗而入落在魯迅桌旁。魯迅幸好無事。1 月 29 日《魯迅日記》寫道：「遇戰爭，終日在槍炮聲中。」1 月 30 日天微明，日本兵來敲門，一看室中皆老弱婦孺才悻悻離去。事後，內山完造回憶說，日本侵略軍發現拉摩斯公寓有人還擊，於是來搜查，因為整個公寓只有魯迅一家是中國人。內山完造於是讓魯迅全家避居內山書店 3 樓。2 月 6 日，因為內山書店也處於戰區，內山完造此時考慮魯迅家安全，於是讓魯迅全家和周建人全家遷至三馬路英租界內山書店支店。兩家 10 人在書店地上席地而臥。2 月 16 日便發生了前文所說的邀妓略坐。

原來以為，魯迅這次邀妓略坐，是與友人吃酒，現在看不是這樣的。這一邀妓之事發生在魯迅、周建人兩家 10 人避居英租界內山書店支店之時，飲酒，啜茗之人是魯迅全家 3 人（魯迅，許廣平，周海嬰），周建人全家 4 人（周建人，王蘊如，周曄，周瑾）和魯迅家的兩個女傭及周建人家的一個女傭。兩家人聚在一起飲酒，啜茗，啜茗時「邀一妓略來坐，與以一元」。這時，魯迅是怎麼想的呢？魯迅為何在這種場合邀妓來坐，他不怕許廣平，王蘊如有想法嗎？王福湘先生在 2007 年第 8 期《魯迅研究月刊》上發表文章《「革命的前驅者」與「精神界之戰士」》分析此事時說：「是平日壓抑著的性意識偶然流露。」或許是的吧，不過在全家人，三弟全家人和女傭面前，這種被壓抑著的性意識的偶然流露，也不是應該流露的場合，這一點魯迅豈能不明白。也或許是同情故事中的妓女？可這 1 元，杯水車薪，能解決什麼問題，如果施捨，救濟，給 10 元豈不是更好？所以，這次魯迅在與全家人啜茗時邀一妓來略坐的真正動因，仍是一個謎。任何一個人，如在與朋友的酒宴上這麼做，確是有失體統，儘管是當時魯迅頗醉。接著的謎案是，這位妓女是誰？她自然不知道邀她來略坐的是大文學家魯迅，而她此前與此後的身世如何，這也是一連串的謎。此妓女自然是幸運的，能與魯迅相逢且在其身邊略坐。她如果還活著，到現在恐已近百歲了吧？這一個個謎案恐怕永無破解之日了。

八七、魯迅的《題記一篇》是寫給誰的，此書叫什麼名字，出版了嗎？

上海魯迅紀念館藏有魯迅用文言文寫的一篇題記。這一題記，無標題，有句讀，標題是後來收入《魯迅全集》時他人加的。這一題記文如下：

> 在昔原始之民，其居群中，蓋惟以姿態聲音，達其情意而已。聲音繁變，寖成言辭，言辭諧美，乃兆歌詠。然言者，猶風波也，激蕩已，餘蹤杳然，獨恃口耳之傳，殊不足以行遠或垂後，故越吟僅一見於載籍，紼謳不方叢集於詩山也。幸賴文字，匀其散亡，楮墨所書，年命斯久。而篇章既富，評騭遂生，東則有劉彥和之《文心》，西則有亞里士多德之《詩學》，解析神質，包舉洪纖，開源發流，為世楷式。所惜既局於地，復限於時，後賢補苴，競標穎異，積鴻文於書窺，嗟白首而難測，倘無要略，孰識菁英矣。作者青年劬學，著為新編，縱觀古今，橫覽歐亞，擷華夏之古言，取英美之新說，探其本源，明其族類，解紛挈領，粲然可觀，蓋猶識玄冬於瓶水，悟新秋於墜梧，而後治詩學者，庶幾由此省探索之勞已。
>
> 一九三二年七月三日，魯迅讀畢謹記。

1981 年版和 2005 年版的《魯迅全集》均收了《題記一篇》。但這篇題記是為誰寫的，八十多年過去了，迄今仍不清楚。據說，這是一位青年作者，他編了一本收錄古今中外詩論的書，請求魯迅給寫一個序，於是就有了這篇題記。這本詩論叫什麼名字，編成後是否出版，魯迅此稿寫成後是否交給了詩論編者本人，這位詩論編者姓甚名誰，他的生平如何，這些一連串的謎案令我們困惑不解，無法寫出哪管是一個正確的答案來。

八八、魯迅《教授雜詠》第一、二首詩幅哪裡去了？

《魯迅全集》收有魯迅《教授雜詠》四首，全文如下：

其一

作法不自斃，悠然過四十。
何妨賭肥頭，抵當辯證法。

其二

可憐織女星，化為馬郎婦。
烏鵲疑不來，迢迢牛奶路。

其三

世界有文學，少女多豐臀。
雞湯代豬肉，北新遂掩門。

其四

名人選小說，入線云有限。
雖有望遠鏡，無奈近視眼。

這四首詩的第一首和第二首是分別贈給鄒夢嬋與白頻的，鄒、白二人都是當時中華書局的職員。《魯迅日記》1932 年 12 月 29 日記：「午後，為夢嬋及白頻寫《教授雜詠》各一首，其一云：『作法不自斃，悠然過四十。何妨賭肥頭，抵當辯證法。』其二云：『可憐織女星，化為馬郎婦。烏鵲疑不來，迢迢牛奶路。』」

《教授雜詠》第一首是詠錢玄同的，第二首是詠趙景深的，第三首是詠章衣萍的，第四首是詠謝六逸的。錢玄同是北京大學、北京師範大學教授，趙景深是上海大學教授，張衣萍是暨南大學教授，謝六逸是復旦大學教授。

《教授雜詠》詩手跡現存有魯迅在一張彩箋上寫的前三首手跡和許壽裳保存的魯迅在一張劣質紙上寫的第三、第四首手跡。《魯迅詩集》發表的《教授雜詠》四首手跡，前三首便是那張彩箋上的，後一首詩魯迅寫給許壽裳看的那張劣質單片紙上的第四首手跡。可惜的是迄今為止，人們尚未發現魯迅書贈鄒夢嬋的第一首詩的條幅和贈白頻的那一首詩的條幅。這兩首詩條幅還在受贈者或其家屬那裡保存著嗎，還是已經流失在外，誰也說不清楚了。

八九、魯迅見過謝六逸編的《模範小說選》嗎？

謝六逸（1898-1945），現代著名散文家、翻譯家、新聞家、教授。原名謝光燊，字六逸，筆名有宏徒、魯愚等。貴州省貴陽人。1920 年在貴陽模範中學高中畢業後，赴日本早稻大學文科學習，專攻東洋文學史。此時開始發表文章。1921 年加入文學研究會。1924 年歸園，在山海商務印書館編輯所工作。後任神州女學教務主任。1929 年復旦大學成立新聞系，他任系主任。1935 年起主編《立報》文藝副刊《言林》，後任《文學》旬刊主編。1938 年任貴陽大夏大學文學院院長兼貴陽師範學校國文系主任。不久參加中華文藝界抗敵協會並在其貴陽分會工作。1945 年因貧病交加不幸逝世，死時年僅 47 歲。

謝六逸 1933 年 12 月 21 日在《申報・自由談》上發表一篇文章《關於小說的評選》，文前有一「案語」云：「翻開坊間出版的中國作家辭典一看，我國的作家快要湊足五百羅漢之數了。但我在這本書裡只選了五個作家的作品，我早已硬起頭皮，準備別的作家來打我罵我。而且罵我的第一句話，我也猜著了。這句罵我的話不是別的，就是『你是近視眼啊』，其時我的眼睛何嘗近視，我也曾用過千里鏡在沙漠地帶，向各方面眺望了一下。國內的作家無論如何不止這五個，這是千真萬確的事實。不過在我所做的是『匠人』的工作，兼任選擇材料的，必要顧到能不能上得自己的『墨線』，我選擇的結果，這五位作家的作品可以上我的的『墨線』，所以我要

『唐突』他們的作品一下了。」1933 年 3 月這本《模範小說選》由上海黎明書局出版，內收小說 22 篇，其中魯迅的 12 篇，茅盾的 2 篇，葉紹鈞的 3 篇，冰心的 2 篇，郁達夫的 3 篇。謝六逸選這些小說的目的是為青年作者提供一個寫小說的範本，告訴他們怎樣寫好小說。謝六逸編《模範小說選》的目的是為青年作者提供一個寫小說的範本，告訴他們怎樣寫好小說。謝六逸編《模範小說選》的目的無可厚非。可是魯迅見了這一「案語」，有了不通的意見。他認為選編小說不應只選名家的，應該老、中、青都有一些。他不同意謝六逸選編小說的標準，因而寫了詠謝六逸的《教授雜詠》之四：「名人選小說，入線云有限。雖有望遠鏡，無奈近視眼，」對謝六逸編選小說的標準開了一個小小的玩笑。當然，這也只能是一個玩笑，魯迅對謝六逸並無惡意，他還曾把自己編的《〈中國新文學大系〉小說二集》送給過謝六逸，二人交情不錯的，怎麼會有惡意？況且《教授雜詠》之四魯迅生前並未公開發表過，只是將原稿給許壽裳看過：它之公開發表已是魯迅逝世十一年後的 1947 年 9 月《臺灣文化》第二卷第八期上。

魯迅寫《教授雜詠》之四，是據了謝六逸的「案語」而寫的。《模範小說選》是 1933 年 3 月出版的，從時間上說，魯迅應能看到。《模範小說選》選了魯迅小說 12 篇，謝六逸也應送魯迅一本或致稿酬。但迄今為止，魯迅藏書中沒有此書，魯迅及其後面的《書帳》中也無收此書或進此書的記載，更無收到此書稿酬的記錄。那麼，魯迅見過謝六逸編選的這本《模範小說選》嗎？這可是一個謎了，現在還沒有人來解開這個謎，今後能否解開，也是一個未知數。

九〇、魯迅兩次會見陳賡究竟在何時？

1952 年馮雪峰首次在《回憶魯迅》一書中披露魯迅會見陳賡事。他說時間是 1932 年「大約夏秋之間」。這時陳賡作戰負傷，來上海醫治。為了讓魯迅能寫出像蘇聯《鐵流》那樣的作品，由馮雪峰會同朱鏡我一起陪同陳賡到了魯迅住的北川公寓見了魯迅。雙方談了一個下午，三人又在魯迅家用餐後才離開。

1978 年 5 月，樓適夷先生發表《魯迅二次見陳賡》一文，說魯迅與陳賡還有第二次的會見，時間是 1932 年秋。他是先接到馮雪峰的通知，說朱鏡我陪同一位蘇區來的人到他家，然後由他單獨陪同這位來客去見魯迅。這次會見，樓先生清楚記得這位來客還給魯迅畫了一張簡單的地圖，標示了鄂豫皖蘇區的大致範圍。當時樓先生不知這位來客是誰，後來在魯迅博物館見了這張草圖，才知道他是陳賡。

可是不久，常亞文先生在 1983 年 9 月號《魯迅研究動態》上發表《魯迅和陳賡會面的時間考證》一文，他引證 1982 年出版的《陳賡日記》，此書明白無誤地寫著：「一九三二年冬，在紅軍中負傷，返滬醫治。至次年春，不意被鋪。」這就是說，陳賡絕不可能在 1932 年夏秋之間或秋來滬治傷，也不可能在這時會見魯迅，因為這時他尚未受傷，還在紅軍中。

這樣，魯迅這兩次見陳賡的時間就成了懸案。據《陳賡日記》，這兩次會見的時間只能是在陳賡受傷的 1932 年冬至 1933 年春之間，但具體是哪兩天就不清楚了。

九一、高疆是誰？

1934 年 7 月 20 日出版的《人間世》第 8 期上刊登了一個名叫高疆的人的《今人詩話》一文，此文首次向外界披露了魯迅的六首被加了題目的舊體詩：《湘錄歌》、《阻郁達夫移家杭州》、《無題》、《贈日本歌人》、《題〈彷徨〉》、《掉丁君》。

這位高疆是誰？向來是一個謎。1981 年 3 月 3 日蔣錫金先生在致欽鴻的信中說：「《人間世》上的《今人詩話》未見，高疆也不知道是誰。——《人間世》是否林語堂所辦的這種？如是，那麼與他有往來而又與魯迅往還較密的有郁達夫。」這封信是欽鴻先生在 2005 年冬《上海魯迅研究》上發表的《深情回憶錫金先生》一文中全文引錄的，距發信日期已過了 24 年。蔣錫金先生在信中推測這高疆可能是郁達夫。因為要得到魯迅這六首舊體詩和魯迅關係淺的人是無論如何也得不到的，郁達夫可能得到這六首舊體詩，而《人間世》又是林語堂辦的，郁達夫與林語堂關係至深。所以推測高疆是郁達夫的化名有一定的道理。郁達夫在 1939 年發表《回憶魯迅》一文也說：「這詩（指《阻郁達夫移家杭州》—引者）的意思，他曾同我說過，指的是杭州黨政諸人的無理的高壓」，「我不聽他的忠告，終於搬到杭州去住了，結果不出他之所料，被一位黨部的先生弄得家破人亡」。魯迅原詩一般無題，《阻郁達夫移家杭州》是高疆加的題目，這裡，高疆與郁達夫對此詩是勸阻郁達夫家杭州的意思竟是驚人的一致，所以高疆就是郁達夫也有這種可能。雖然，魯迅此詩根本不是勸阻郁達夫移家，因為此詩書寫於 1933 年 12 月 30

日，此時郁達夫已移家杭州八個月零五天了，怎麼可能人家已移家八個月零五天後才來勸阻其移家呢？此詩高疆所加之題顯然不夠準確和正確。

但是蔣先生的說法也只是一個推測。到底高疆是誰，迄今為止均沒有指認有證的回答。高疆這一名字在魯迅著作中也沒有出現過，所以各版《魯迅全集》也沒有關於高疆的注釋。看來這個問題近期大約還是弄不清楚。

九二、柳愛竹是怎麼失蹤的，後事如何？

張望等上海美術專科學校的學生於 1931 年 9 月成立了 MK 木刻研究會。該會主要成員有張望、王紹洛、鐘步清、陳善之、周金海，金逢孫、陳葆真，柳愛竹等。1934 年 5 月，周金海與陳葆真等四名成員被鋪，張望等派女會員柳愛竹與魯迅聯繫，向魯迅索取曆屈木刻展覽會的請柬，展品目錄等以證明 MK 木刻研究會的合法性。後營救未成，柳愛竹也從此失蹤。

柳愛竹失蹤之事有點離奇。她是怎麼失蹤的？這失蹤是被當局逮捕，還是被壞人坑害，還是她從此隱姓埋名，隱居他鄉？迄今無任何資料涉及柳愛竹失蹤之原因、經過及其之後的情形。難道是被當局迫害而死嗎？魯迅日記 1935 年 6 月 30 日有與柳愛竹通信之記錄：「午後得柳愛竹信，即複。」這大約是柳愛竹請求與魯迅見面的信。她從魯迅那裡是否得到所要的請柬與目錄也不得而知。魯迅複柳愛竹信亦不知去向。

柳愛竹（1916-?），湖南湘潭人。上海美術專科學校的學生，MK 木刻研究會成員。她之失蹤當在 1935 年下半年。

九三、誰說胡風的居室有如「皇宮」？

胡風夫人梅志（屠玘華）在她的《在「皇宮」裡招待魯迅先生》一文（刊湖南人民出版社 1981 年版《魯迅誕辰百年紀念集》）中說，她和胡風同居時，那一間住室是在一個三層小樓上的一間十二、三平米的房子，屋子十分破舊。梅志家裡送他們兩條棉被，他們又買了床和一桌四凳，木桌是借房東的。牆壁太髒且有點灰暗，於是梅志去街上買了一種淺藍色的薄光紙，將牆壁糊了一下，這樣，屋子就顯得幽雅、明亮多了。可是「誰知有人被鋪後，在警察局裡連我們這房子都招供到了，還把這間小樓誇張為「皇宮」。說胡風結婚時的房子像皇宮一樣富麗堂皇。這被鋪者的招供，本來胡風不可能知道，是一個日本記者不知從哪裡弄來了這口供，登在一個刊物上，這個刊物被魯迅看到了，魯迅把這事告訴了胡風，並把這個刊物給胡風看了，胡風又給梅志看了，這才讓他們哭笑不得。1935 年 9 月 12 日魯迅致胡風信的祝頌語就是「專此布達，即請『皇』安」。「皇安」之祝即源於此口供。

梅志在此文中只是說「有人」，並沒有說此人是誰，也許胡風他們當時也不知道此人是誰。2005 年版《魯迅全集》對魯迅 350912 致胡風信中語「現任的皇宮」作注時，也未指明此人是誰，仍是說「據收信人回憶，當時有人說他的住宅佈置得如皇宮」。那麼，這個「有人」是誰呢？沒有人能給出一個可信的答案，這也可稱為「跨世紀之謎」了。

九四、魯迅、茅盾致紅軍東征賀信是誰寫的？

1951 年馮雪峰在《黨給魯迅以力量》一文中曾說：紅軍長征到達陝北後，魯迅、茅盾曾給毛澤東、朱德發了一個電報，祝賀長征勝利。但是他說他並未看到電報原件。

1956 年 10 月樊宇在這一年第 19 期《文藝報》上著文《「在你們身上寄託著人類和中國的將來」》披露了魯迅來信中的一句話：這一句話刊在 1947 年 7 月 27 日太行版《新華日報》上：「在你們身上，寄託著人類和中國的將來。」可是說明這不是賀長征勝利而是賀紅軍東征抗日；不是電文而是來信。

1979 年 6 月 9 日唐天然在《人民日報》上著文《新發現的魯迅佚文》，說他在 1936 年 10 月 28 日出版的《紅色中華》（油印版）上見到了樊宇所說的「魯迅來信」更多的文字，文本是：「英勇的紅軍將領和士兵們，你們勇敢的鬥爭，你們的偉大勝利，是中華民族解放史上最光榮的一頁，全國民眾期待你們更大的勝利，全國民眾正在努力奮鬥，為你們的後盾，為你們的聲援！你們的每前進一步，將遇到極熱烈的歡迎和擁護。」這仍是對紅軍東征的賀信而不是賀電。而且此段話也不是賀信全文，又沒有樊宇引錄的「魯迅來信」的那句話。

1986 年 4 月閻愈新在這一年第 4 期《魯迅研究動態》上發表文章《魯迅致紅軍賀信的新發現——楊尚昆在 1936 年 7 月的一篇文章中引用賀信文字》。楊尚昆此文為《前進！向著抗日戰爭的勝利前進——紀念一九三六年的「八一」》，刊於 1936 年 9 月 15 日版第 61 期《火線》上（油印版）。楊尚昆引錄的「魯迅來信」第一段與唐天然發現的文本基本一樣，只是標點稍有不同；閻本在「期待」後多一「著」字，「全國」為「全中國」，「歡迎和擁護」倒了過來為「擁護和歡迎」。楊尚昆此文還引了「魯迅來信」中的另一段話：「對於你們，我們那最英勇的偉大的民族解放的先鋒隊，我們是抱著那樣深刻的敬仰，那樣熱烈的愛護，那樣深摯的期望，在你們身上寄託著人類的光榮和幸福的未來。只要想到你們在中國那樣無比的白色恐怖進攻下，英勇的，頑強的浴血苦鬥的百折不回的精神，就是半身不遂的也會站起來笑！」這一段話是唐天然發現的文本中所沒有的。

1995 年閻愈新經過幾次三番的耐心查找，在 1936 年 4 月 17 日出版的《鬥爭》第 95 期上發現了這一來信的更多的文字，文本如下：

中國文化界領袖××　××來信

讀了中國蘇維埃政府民眾共產黨中央的《為抗日救國告全體同胞書》、中國共產黨《告全國民眾各黨派及一切軍隊宣言》、中國紅軍為抗日救國的快郵代電，我們鄭重宣言：我們熱烈地擁護中共、中蘇的號召，我們認為只有實現中共、中蘇的抗日救國大計，中華民族方能解放自由！

最近紅軍在山西的勝利已經把明瞭賣國軍下的士兵是擁護中共、中蘇此項政策的。最近，北平、上海、漢口、廣州的民眾，在軍閥鐵蹄下再接再厲發動反日反法西斯的偉大運動，證明全國的民眾又是如何熱烈地擁護中共、中蘇的救國大計！

英雄的紅軍將領和士兵們！你們的勇敢的鬥爭，你們的偉大的勝利。是中華民族解放史上最光榮的一頁！全國民眾期待你們的更大的勝利，全國民眾正在努力奮鬥，為你們的後盾，為你們的聲援！你們的每一步前進將遇到熱烈的擁護和歡迎！

全國同胞和全國軍隊抗日救國大團結萬歲！

中華蘇維埃政府萬歲！

中國紅軍萬歲！

中華民族解放軍萬歲！

××　××

一九三六、三、廿九

這就是迄今為止，魯研界所發現的魯迅、茅盾致紅軍東征賀信的最多的文字了。

問題自然還存在。這一封信怎麼沒有前面樊宇所發現的那句話？閻先生說，那句話本是《全國 xxxxx 抗日救國大會來信》中的話，與「魯迅茅盾來信」上下緊挨著，是轉抄的人看漏了「救國會來信」的標題，吧「救國會來信」中的話與「魯迅茅盾來信」中的話混在一起。這就是說，1976 年版《魯迅書信集》和 1981 年版《魯迅全集》中的《魯迅著譯年表》把那句話看成是魯迅的話收入集中是收錯了，應將那句話從上述二集中刪除。這一封信中也沒有楊尚昆引錄的第二段「魯迅來信」中的話，這也很是奇怪。而且不僅如此，這一封信從文風看，絕不會出於魯迅之手，那遣字用詞絕不是魯迅或魯迅式的。那麼這一封信是誰代筆的？有人說是史沫特萊，她的可能性大一些，說她是得到了魯迅的授權而發信時文本並未經魯迅過目；有人說史沫特萊的中文秘書寫的；有人說是蕭軍寫的，還有人說是陝北瓦窯堡的一個什麼人寫的，這一封偽造的「魯迅茅盾來信」的代筆是誰？一直沒有一個確實的答案。

九五、釋疑之後復生疑
——由洛・恩致馮雪峰的長信談起

在一個什麼刊物上，偶然讀到一則由洛、恩署名致馮雪峰的一封長信的片段。這封長信原刊 1992 年第 4 期《新文學史料》上，但我最初看到的卻不是這封長信，而是這封長信的結尾的三小段。為了談清楚問題，現將此片段照抄如下：

李兄：

……

……

關門主義在目前確是一種罪惡，常常演著同內奸同樣的作用。但這些人同內奸是不同的，解決的方法也完全不同。解釋還是第一。你對周君（指周揚——引者注，下同）所用的方法是對的。

你的老師（指魯迅）與沈兄（指茅盾）好嗎？念甚。你的老師送的東西雖是因為交通的關係尚未收到，但我們大家都很感激。他們為抗日報國的努力，我們都很欽佩。希望你轉致我們的敬意。對於你老師的任何懷疑，我們都是不相信的。請他也不要為一些輕薄的議論，而發氣。

因為劉兄即刻要走，簡單的寫了一點，一切具體問題由劉兄轉達。

洛　恩

七月六日

李是李允生，馮雪峰的化名。洛、恩是洛甫（張聞天）、恩來（周恩來）的省稱。讀完這一片斷筆者十分詫異：當時黨的中央委員會不是毛澤東是第一把手嗎，怎麼這署名的不是毛澤東，而是張聞天、周恩來？我們在大學上過《中國現代革命史》課，教材便是何干之主編的《中國現代革命史講義》，這《講義》明確說：遵義會議「撤換了『左』傾社會主義分子的領導職務，確立了以毛澤東同志為首的黨中央的新的領導」。（高等教育出版社 1994 年 12 月版《中國現代革命史講義》第 187 頁），而且「文革」時或其稍後也大力宣傳遵義會議這一豐功偉績。這到底是怎麼回事？疑問產生了，但隨即便自圓其說，自解所疑：也許是張聞天、周恩來在中央分管白區工作吧，這樣署名自然要是「洛、恩」了。自我生疑，自我解疑，雖然也好像說得通，但心中仍是不踏實，不托底。隨著歲月流失，這個問題也就慢慢忘卻了。

大約是前年吧，在一本雜誌——好像是《文史雜誌》上續到一篇文章，這篇文章讓我吃驚不小。可惜的是，寫本文前，怎麼找也找不到這篇文章，作者並他的文題也全忘了，但此文的要點卻彷彿如昨日讀，記憶猶新，這篇文章的要點是這樣的:一、遵義會議並未撤換「左」傾社會主義分子博古 的領導職務，而是博古主動提出辭職，會議只是同意他辭去總書記之職，仍選他為中央政治局常委；二、會議選舉張聞天為黨的中央委員會「總負責」，但張聞天堅辭不就，紅軍離開遵義到「雞鳴三省」的石箱子之前的十多天中，黨的中央委員會沒有總負責人，創造了中共黨史上的絕無僅有的無總書記或總負責的所謂「空缺時期」，紅軍到達石箱子，中央政治局常委開會，大家督促張聞天就任總負責之職，張聞天才勉強答應下來，當時中央常委只四人，依次是張聞天（總負責）、周恩來（負責軍事）、毛澤東（協助周恩來負責軍事）、博古，此後毛澤東常戲稱張聞天是「明君」，劉英是「娘娘」，紅軍到達陝北後，直至 1938 年六屆六中全會前，黨的「總負責」一直是張聞天，六屆六中全會後毛澤東才成為事實上的總書記。讀了這篇文章，我的疑團冰釋了：原來如此，張聞天是「總負責」，周恩來是第二把手，所以這封長信才署名洛、恩。

在寫本文之前，我想查一下這篇文章，可是翻遍了 1995 至 2007 年各期的《文史雜誌》也未找到這篇文章。我想，也許是在別的什麼文史類雜誌上吧，可是去查《文史春秋》、《文史精華》、《文史月刊》等，這篇文章未查到，卻查到了內容與之相類的幾篇文章，我將它們複印下來，它們是王學亮的《張聞天接管「中共帥印」始末》2006 年第 12 期《文史春秋》、劉明剛的《張聞天與毛澤東的恩恩怨怨》2005 年第 7 期《文史精華》、鍾兆雲的《張聞天與劉英夫婦的患難情歌》2001 年第 4 期《人物》等。

這幾篇文章的內容與我未查到的那一篇幾乎一樣，但小的差異是有的。這主要是 1938 年 8 月王稼穡從蘇聯回國，傳達了共產國際的意見：中共中央應成立以毛澤東為首的中央委員會；1938 年 10 月在六屆六中全會前，張聞天表示遵從共產國際的意見，在會上提出這一問題，請全會通過，只是毛澤東不同意這樣做。六屆六中全會後，張聞天雖然仍是「總負責」，但他逐漸吧實權轉讓給毛澤東，大事小情均據毛澤東的意見辦，為此有些人說張聞天是「泥菩薩」；毛澤東正式成為黨的中央委員會主席是 1943 年 3 月 20 日的事，這一天中央政治局通過了《中共中央關於中央機構調整及精簡的決定》，政治局一致推選毛澤東為主席，張聞天則變為中央政治局委員、中央組織委員會委員；張聞天後來任過我駐蘇聯大使、外交部副部長、東北合江省委書記、遼東省委書記、東北局常委兼組織部長、東北財經委員會副主席等職。「文革」期間遭到打擊、迫害、被批鬥、被關押、後被遣散至肇慶、無錫、直至 1976 年 7 月 1 日逝世。屍體火化時，也不許用原名，而是用化名「張普」。「文革」後，張聞天得到平反。

是的，疑團是冰釋了，可是隨即又生出了一個新的疑團，馮雪峰 1936 年 4 月以中央特派員的身份重返上海，在魯迅家中與魯迅交談時，能不能說及張聞天？從情理上說，應該是能夠說及的，因為 1936 年 4 月或其稍後，張聞天是中央「總負責」，而且是有實權的「總負責」，馮雪峰向魯迅只講毛澤東，不講張聞天，是不符合組織原則的，也是不合情理的；況且，張聞天還是文學研究會成員，魯迅與文學研究會的關係是好的，張聞天還有長篇小說《旅途》問世，張聞天是小說家，馮雪峰又是一位詩人，不說及張聞天是不可能的，也是不合情理的；而馮雪峰這次重返上海是直接受張聞天派遣的，那「四項任務」中有四項是張聞天親自向他交代的，那封致馮雪峰的長信又是張聞天親筆寫的，不說及張聞天是不可思議，也是不合情理的，馮雪峰的《回憶魯迅》是 1951 年前後寫的，在當時的政治背景，馮雪峰儘管與魯迅說及了張聞天，他也不敢把這一內容寫進書中。人們知道，馮雪峰的《回憶魯迅》一書，不少內容未敢如實寫出。如他重返上海主要是為了做國民黨上層人士的統戰工作，這一內容他在書中隻字未露；他重返上海見了魯迅，魯迅向他說的第一句話是：「這兩年我給他們擺佈得可以」，而在《回憶魯迅》一書中，他未敢如實寫出這句話，讓這句極有針對性的話變成了:「這兩年來的事情，慢慢告訴你吧」；關於蘇聯肅反擴大化問題，魯迅是看到了，也說到了，馮雪峰也未敢寫入這一書中，直至他逝世之前他才向外界暴露。據此，幾乎可以肯定，馮雪峰在重返上海與魯迅的熱情交談中是談到了張聞天的，只是談了些張聞天的什麼？談話雙方都已作古，這個疑問肯定是一個永恆的疑問了。

九六、魯迅為什麼在病中日日觀賞一幅木刻小畫片？

1936 年夏，魯迅病情開始加重。自 6 月 6 日起，已記了將近 25 年的日記停筆了，這一停就是 25 天，直至 6 月 30 日下午，魯迅在日記中補記了一段文字，敍述自己日記中斷的原因、自己病情漸好和打算明日起恢復記日記的想法。這一想法成了現實，自 7 月 1 日起直至 10 月 17 日止，日記又得以延伸、賡續。

這次大病，魯迅躺在床上，稿子不能寫，書也不能看，有時連報紙也拿不起來，但魯迅在病中卻總是在欣賞一幅木刻。這副木刻是一幅小畫片，大小和那時紙煙盒中隨贈的畫片差不多，畫上畫著一個在大風中奔跑的飛散著頭髮的女子，地上是一片細小而美麗的玫瑰花。（見圖）魯迅端詳這幅畫片，長時間地凝視著，累了，就把這幅小畫片放在枕邊。這幅畫是什麼畫？許廣平說是「羅丹的一幅雕刻」，蕭紅則說那是一張蘇聯畫家的著色木刻。這幅小木刻畫片，人物的情態刻劃得十分傳神、眼睛、眉梢、揚起的雙臂、靈動的身姿都有一種流溢不止的美麗的情調。當時和以後相當一段時間，人們不知道這幅木刻小畫片是誰的作品，是什麼樣子的。現在我們知道了，它原是蘇聯木刻家米哈伊爾·畢訶夫為波斯大詩人哈菲茲抒情詩集所作的三色木刻插圖。

但魯迅為什麼在病中別的木刻畫不看，單看這一幅有著女子倩影的小畫片，這卻是一個謎。是這一幅木刻小畫片藝術水準高超，魯迅才因此欣賞不止嗎？可是魯迅收藏的木刻名畫、藝術水準高超的不止這一幅，為什麼魯迅單單欣賞這一幅？用藝術性高來解這一個謎不盡合理。也許是畫中那個奔跑中的女人讓魯迅想起了什麼，想起了誰，因而在病中久久地端詳，用這一個象徵物憶念什麼或什麼人，以安慰自己病中寂寞的靈魂。這是一種推測，沒有任何實證。最近有人說，魯迅端詳這幅木刻是思念他的表妹魯琴姑，這不合情理，因為魯琴姑是裹腳，她無法奔跑，與木刻像那奔跑時長髮飛揚的女子不一樣，正因為沒有任何實證，魯迅為什麼在病中單單欣賞，注目此木刻小畫片便成了魯迅世界又一個永恆之謎，這一個謎今後永遠也解不開了。

九七、魯迅靈柩上的綢幛「民族魂」三字為誰所寫？

在魯迅葬儀上，覆蓋在魯迅靈柩上的惆幛是用白色綢子做的，那「民族魂」三個字是用 40 釐米見方的黑絲絨製成的。按過去的說法，這「民族魂」三個字為當時「上海各界救國聯合會」常務理事沈鈞儒所寫。可是最近徐明華先生在 2007 年第 3 期《魯迅世界》上發表文章《魯迅靈柩的綢幛》指出，這「民族魂」三個字不是沈鈞儒寫的，而是「別人所寫」。而徐明華先生又未指明「別人」是誰。

徐明華先生還說，1936 年 10 月 21 日下午 4 時左右，沈鈞儒先生發現，明天就要出殯了，可是還沒有靈柩上覆蓋用的綢幛和送殯的樂隊，他便吩咐手下一個青年幹事辦此事，務必於 22 日上午 9 時前辦好這兩件事。上命難違，這個小青年接受任務後便火速行動起來。他想，這幅綢幛用青天白日旗不行，用鐮刀斧頭旗也不行，最好是選用上有「民族魂」三個字的綢幛。於是他便去《申報》館隔壁的一個禮品店，通過關係，求禮品店老闆給做一面上有「民族魂」三個大字的綢幛。這個老闆對魯迅十分敬仰，便吩咐店員連夜趕製。製成之後，這個老闆連工本費都不收，說是「也表示我們一點心意」。這就是那面白底黑字「民族魂」綢幛的來歷。這個老闆還幫助請了一個八人樂隊。所需 12 元費用是有一個叫周肇基的人墊付的。可是這位老闆是誰呢？徐明華先生說，不知道這位老闆叫什麼名字。這就又是一個謎了。而那位接受製作綢幛和請樂隊的小青年徐先生也不知他叫什麼名字，這毫無疑問也是一個謎。這個小青年自己決定用「民族魂」三個字的綢幛是太有水準了，可惜我們真的不知道他叫什麼名字。

1956 年魯迅墓遷墓時，這幅綢幛已爛成碎片，但那「民族魂」三個字在館上依稀可辯。因為當年這幅下葬的綢幛不能用了，遷墓時便又做了一幅紅底黑字的綢幛，這幅紅底黑字的綢幛與 20 年前那幅白底黑字的綢幛沒有什麼不同，只是白綢子換了紅綢子，隱喻了一個時代的變遷。

九八、魯迅靈堂上懸掛的郭沫若輓聯是誰寫的？

魯迅逝世時，靈堂上懸掛著一幅此時還在日本東京的郭沫若送來的輓聯，其文字是這樣的：「方懸四月疊墜雙星東亞西歐同殞淚，欽誦二心憾無一面南天北地遍招魂，魯迅先生千古，郭沫若哀輓」。此輓聯原件現存上海魯迅紀念館。

凡是熟悉郭沫若字體的人一眼就可以看出，這幅輓聯絕對不是郭沫若的手筆。上海魯迅紀念館的匡揆先生最早發現此輓聯不是郭沫若手筆。他在《上海魯迅研究》第 2 期（百家出版社 1989 年 2 月版）上發表文章《郭沫若悼魯迅輓聯質疑》說，郭沫若的「字體蒼勁瀟灑」，那幅東京魯迅追悼會上的輓聯是郭沫若的手筆，這一幅則「字體工整拘謹」。完全不是郭沫若的字體。在東京的輓聯落款是「郭沫若拜輓」，此件落款是「郭沫若哀輓」，一字之差，說明上海的輓聯不是原件。再說，郭沫若是 1936 年 10 月 19 日晚聽到魯迅逝世的消息的，10 月 22 日舉行魯迅葬儀，這幅輓聯便懸掛出來，僅三天時間，那時又沒有電傳，原件絕對不能在 3 天之內送到上海。

匡揆先生提出的以上三個理由是充分的，可信的。這這三點理由可以證明，當時懸在上海魯迅靈堂上的輓聯不是郭沫若親筆寫的，而是將文本拍成電報，由他人代為執筆的。但是這個代筆人是誰，1989 年時，這個謎沒有解開，而今又是二十多年過去了，這個謎仍沒有解開。看來，此一謎案仍是無解開之日了。

九九、蘇雪林為什麼在魯迅逝世後反魯？

青年蘇雪林

蘇雪林（1896-1998），現代著名女作家、文學研究家、教授。曾用名瑞奴、瑞廬、小妹，字雪林，以字行，筆名有綠漪、靈芳、天嬰、蘇梅、老梅等。祖籍安徽省太平縣嶺下村。生於浙江里安。1917 年在安徽省立第一女子師範學校畢業後，留母校附小任教。1919 年考入北京女子高等師範學校。1921 年畢業，翌年赴法國留學，先後在吳稚暉創辦的海外中法學院、里昂國立藝術學院學習美術，後改學文學。1925 年回國，在蘇州景海女師任教，後任蘇州東吳大學、安徽省立大學、上海滬江大學教授。1931 年為武漢大學教授、與淩叔華、袁昌英一起共事，人稱「珞珈山三女傑」。1949 年到香港真理學會任職。一年後赴巴黎研究神話。1952 年到臺灣，先後任臺灣師範大學、成功大學教授，其間一度赴新加坡南洋大學教書。1973 年於成功大學退休，專事著述。蘇雪林 1925 年與張寶齡結婚，婚後 36 年僅同居 4 年。1972 年前與胞姐淑孟女士一起過，組織了一個姐妹家庭。不久姐姐病逝，她便一人住在臺南，直至逝世。享年 102 歲，是中國現代少有的高齡女作家。著述甚豐，主要有《李義山戀愛事蹟考》（1927）、短篇小說集《綠天》（1927）、自傳體長篇小說《棘心》（1929）、《蠹魚的生活》（1929）、《遼金元文學》（1933）、《唐詩概論》（1934）、《蘇綠漪創作選》（1936）、《青鳥集》（1938）、《屠龍集》（1941）、《蟬蛻集》（1945）、《鳩那羅的眼睛》（1946）、《當代中國小說戲劇一千五百種提要》（1948 年與善秉仁、趙燕聲合編，英文版）、《天馬集》（1957）、《屈賦新探》、《眼淚的海》（1967）、《九歌中人神戀愛問題》（1967）、《人生三部曲》（1967）、《試看（紅樓夢）的真面目》（1967）、《文壇話舊》（1967）、《我的生活》（1969）、《閒話戰爭》（1970）、《中國文學史》（1970）、《秀峰夜話》（1971）、《最古的人類故事》（1978）、《二三十年代作家與作品》（1978）、《我論魯迅》（1979）、《蘇雪林自傳》（1996）。此外尚有翻譯作品《一朵小白花》、《梵賴雷童話集》等。

蘇雪林在文壇上的廣為人知，與其說是她的小說創作，倒不如說是她的反魯。應當說，在魯迅逝世前，蘇雪林對魯迅的態度是友好的，對魯迅的評價是正面的。1934 年 11 月她在《國聞週報》上發表《〈阿 Q 正傳〉及魯迅創作的藝術》一文，說魯迅小說「已經使他在將來中國文學史上占到永久的地位」，說魯迅的代表作可以「與世界名著分庭抗禮，博得不少國際的光榮」，說魯迅小說特點是用筆的深刻冷雋，句法的簡潔峭拔，題材的新穎獨創，用字的千錘百煉。在文中她還反對胡適應用紹興土話寫《阿 Q 正傳》的主張並說「《阿 Q 正傳》不用紹興土白，正是魯迅的特識」等等。周作人教過她，魯迅未教過她，但她仍以魯迅的學生自居。1928 年 7 月 4 日，她將自己剛剛出版的《綠天》贈給魯迅，落款是「學生蘇雪林謹贈」。7 月 8 日又出席了李小峰招待北新書局作者的宴會，與魯迅同席。雖說這一時期她自己說，見了魯迅在女師大風潮中的表現有點「小人行徑」便開始看不起魯迅了，而那次宴會，她說魯迅對她很冷，很傲慢，她也耿耿於懷，但不論怎麼說，此時她與魯迅還沒有大的隔閡。

魯迅逝世後，1936 年 11 月 18 日蘇雪林寫了一封致胡適的信，其中夾了一封致蔡元培信（後此致蔡元培信一直未能寄出），不久胡適寫了回信，她便把她致胡適的信與胡適的回信在 1937 年 3 月 1 日出版的《奔濤》半月刊第 1 期上發表了，打響了蘇雪林反魯的第一槍。在此文中她說：「魯迅的心理完全變態，人格的卑污，尤出意料之外，簡直連起碼的『人』的資格還夠不著。」此後她寫的反魯文章有《理水和出關》、《論魯迅的雜感文》、《說妒》、《論偶像》、《論污蔑》、《論是非》、《過去文壇病態的檢討》、《富貴神仙》、《對武漢日報副刊的建議》、《琵琶鮑魚之成神者——魯迅》、《對戰鬥文藝的我見——論共匪的文藝政策及當前戰鬥文藝的任務》、《與共匪互相利用的魯迅》、《新文壇四十年》、《學潮篇》、《魯迅傳論》。這些文章後來全收在她的《我論魯迅》一書中。此書之後她的反魯文章還有《大陸刮起反魯風》、《浮生九四》等。

如果說高長虹的反魯是「惡漢撒野」，那麼蘇雪林的反魯就近於「潑婦罵街」了。胡適就曾在前文提到的回信中說蘇雪林的反魯話語是「舊文字的惡強調」。蘇雪林之反魯並不是理論上的爭鳴，她只是罵，高長虹式的罵。她說魯迅的罪狀是：性格乖張、心理變態、思想落伍、人格卑污、品行無狀、總體罪惡。她說《阿 Q 正傳》是套襲日本某作家的作品，她說國民黨所以失敗就是共產黨利用了魯迅。她給魯迅的罵名就有文妖、土匪大師、紹興師爺、迫害狂、一包糞土、老毒蛇、瘋老頭、青皮學者、火老鴉、大流氓、暴君、玷辱士林之衣冠敗類、二十四史儒林傳所無之奸惡小人、色厲內荏、無廉無恥、多疑善妒、氣量偏狹、乖張可怕、禍國殃民、性情惡劣、陰暗空虛、一錢如命、最愛放賴、兇惡狠毒、好諂成癖等等。一個晚輩這樣罵長輩，一個學生如此罵老師，這讓人們不得不問：蘇雪林為什麼如此仇恨魯迅，他們之間有什麼過節嗎？

蘇雪林反魯的秘因是什麼？有的研究者說是由於她無限忠於「黨國」。這一說法不能確切地說明她之所以反魯。魯迅逝世前，蘇雪林也是忠於「黨國」的，她那時為什麼不反魯反倒頌魯？這不好解釋。蘇雪林自己說，她在女師大風潮中看清了魯迅的「小人行徑」，魯迅攻擊陳源，而陳源與她蘇雪林關係好，攻擊自己朋友的人自然是敵人，所以她要反魯。可是她為什麼在女師大風潮時期不反魯，反倒在 10 年多一點之後才祭起反魯的旗幟，拖了這麼長時間，這也不好解釋。還有就是前面提到的在一次宴會上魯迅對他很傲慢，她只是向魯迅點了一下頭，並未說一句話。也許是魯迅的傲慢激怒了她，使她反魯？這次宴會時間是 1928 年 7 月 7 日。為什麼在事隔 8 年多她才發作？這同樣不好解釋。而且這事也有因小果大之嫌，人家也就只是冷一點，傲慢一點，並未把你怎麼樣，你便大反特反，這於情理也講不通。有的研究者說，蘇雪林反魯是因為她暗戀魯迅，魯迅未予理睬，所以才惱羞成怒，意在報復。這倒有點像。陳漱渝先生在臺南訪問她時，問她為什麼如此激烈地攻擊魯迅，她卻回答說：「有人說，我之所以攻擊魯迅，是因為我對魯迅單相思，愛而不得轉為恨；這是沒有根據的。」這一不打自招，欲蓋彌彰式的回答是否透露了一點什麼資訊，值得關注。蘇雪林反魯有一個特點，就是在魯迅逝世後反魯，她只唱獨角戲，魯迅已死。

不能反擊、回擊她了。在昔日的反魯大軍中，蘇雪林是唯一未受到魯迅反擊、攻擊的人。關注這一特點很重要。她可能是怕魯迅揭穿她什麼老底，也可能是怕最後落個失敗的下場，所以才在魯迅死後反魯的吧。這倒為「暗戀說」提供一個參照，儘管如此，我們仍只能說，蘇雪林反魯仍是一個謎。我們現在仍找不到蘇雪林追求魯迅的任何一點實證資訊。「暗戀說」也是影影綽綽，撲朔迷離，讓人不能確信。

一〇〇、梅子、男兒、飛狼、虹兒、紅僧等人都是誰？

房向東先生在《魯迅是非》一書中談及了梅子對魯迅的攻擊，但是房先生不知道這位梅子是男是女。後來四川的龔明德先生在1998年4月20日給房先生寫了一信，大致介紹了梅子的情況。龔先生在信中說：「……又翻了一些書，『梅子』可以大體定下來，是一位男士，不是施濟美。梅子，四川成都或四川鄉下來成都居住的人，1910年前出生，是巴金的親戚，他的長篇小說《爭自由的女兒》1929年10月由上海出版社合作社印行，巴金作序時稱其為『梅弟』，二十年代中後期在上海讀書，1930年秋赴馬來亞。梅子編過《四川情歌》，1930年3月由華通書局出版。他很熟悉四川方言情歌，每首情歌均注明通行縣份。在上海時，他在開明書店辦的刊物上發表詩歌和讀書心得體會。……成都，估計有幾個老人知道『梅子』為何許人，待伐落實後再函示。梅子四十年代還寫過劇本《山西一角》，參加抗戰。可能1949年去了臺灣。我主張對歷史細節不能不詳加釋說，如梅子，弄清身世就更能說明問題。」

龔先生對梅子的介紹，只是畫了一個輪廓，其中也有若干模糊語言。這就是說，梅子的原名，生地、生卒年、經歷等等仍是一個謎。對梅子，我們還是「未詳」，需要加以探求。

在魯迅逝世後攻擊魯迅，以蘇雪林最有名氣，我們對於她知道得多一點。對於梅子也相對知道一個輪廓。可是對於其他一些人我們卻什麼也不知道了，這些人有男兒、管理、飛狼、甲辰生、弱水、虹兒、黑二、未名、可歎潛源、屍一、黑木、敵天、紅僧等，對於我們都是一個個謎。這些個攻擊過魯迅的名字，也許是某名人的化名，也許真的是無名之輩。這些謎案，自魯迅逝世後的七十多年間無人探解，成為魯迅世界無人問津的謎團，這事真的令人十分遺憾。

一〇一、蕭軍對蕭紅那件「不忠實」的事是怎樣的？

倪墨炎先生在他的《魯迅與許廣平》一書中，引了蕭軍的一句話，披露了蕭紅去日本期間，留在上海的蕭軍對蕭紅的一件「不忠實」的事。蕭軍原話是這樣說的：「她（指蕭紅，下同——筆者）單純、淳厚、倔強、有才能、我愛她，但她不是妻子，尤其不是我的！」「在愛情上曾經對她有過一次『不忠家』的事——在我們相愛期間，我承認她沒有過一次『不忠實』的事——這是事實。」

蕭紅是 1936 年 7 月中旬去日本遊覽的，次年「七七」事變前歸國。蕭軍說，這一時蕭紅『不忠實』的事就是發生在這一時期。其時，蕭紅與蕭軍的關係已經出現了很深的危機。蕭軍這次對蕭紅『不忠實』的事是怎樣的，這是一個謎。這個「第三者」是誰？她是怎樣和蕭軍認識並來往的？為什麼後來又分手了？此人現在還在世嗎？現在找不到一點史料，對這些問題一一作出回答，這些謎，恐怕也是魯迅世界的永恆之謎了。

一〇二、《魯迅書簡》是何時面世的？

周作人生於 1885 年 1 月 16 日（農曆甲申年十二月初一）。1934 年的 1 月 15 日（癸酉年十二月初一）是他的虛歲五十大壽。這一天，他在八道灣 11 號周宅邀請了一些友人：如沈士遠、劉半農、馬裕藻、徐祖正、錢玄同、沈尹默、沈兼士、蘇民生等，擺了五桌酒席，慶賀自己的五十壽辰。兩天前，即 1 月 13 日，他為自己的五十壽辰作了一首詩，過生日當天又用原韻寫了一首，這兩首詩全文如下：

前世出家今在家，不將袍子換袈裟。
街頭終日聽談鬼，窗下通年學畫蛇。
老去無端玩骨董，閒來隨分種胡麻。
旁人若問其中意，且到寒齋吃苦茶。

半是儒家半釋家，光頭更不著袈裟。
中年意趣窗前草，外道生涯洞裡蛇。
徒羡低頭咬大蒜，未妨拍桌拾芝麻。
談狐說鬼尋常事，祇欠功夫吃講茶。

詩寫好後，他將這兩首詩分贈友人，不少人都收到了他的這兩首詩作。不久有人把這兩首詩寄給林語堂辦的《人間世》，周作人的詩很快在《人間世》的創刊號發表。同期和爾後的《人間世》又發表了一些人為此二詩的唱和詩，這些唱和的人有林語堂、劉半農、錢玄同、沈尹默、蔡元培、沈兼士、胡適等。這些名人雅士都通過自己的唱和詩，對周作人有所頌揚。可是不久，有人對這場文壇的唱和提出了非難與批評，埜容（廖沫沙）、胡風、巴人（不是王任叔）等人認為周作人的自壽詩及他人的唱和毫無意義，在國難當頭之日鼓吹隱逸、閒適是不合時宜的。就這樣，圍繞周作人五十自壽詩的風波，鬧了半年多才告平息。

魯迅對這一文壇風波沒有公開表態。但他在 1934 年 4 月 30 日和 5 月 6 日分別致曹聚仁和楊霽雲的信中，對周作人的自壽詩作了正面評價，他在致曹聚仁的信中說：

> 周作人自壽詩，誠有諷世之意，然此種微詞，已為今之青年所不憭，群公相和，則多近於肉麻，於是火上添油，遽成眾矢之的，而不做此等攻擊文字，此外近日亦無可言。此亦「古已有之」，文人美女，必負亡國之責，近似亦有人覺國之將亡，已在卸責於清流或輿論矣。

在致楊霽雲的信中說：

> 周作人之詩，其實還是藏些對於現世的不平的，但太隱晦，已為一般讀者所不憭，加以吹捧太過，致使大家覺得討厭了。

魯迅的意見十分明確，第一，他肯定周作人自壽詩「誠有諷世之意」,「藏些對於現世的不平」；第二，他認為「群公相和，則多近於肉麻」，吹捧太過；他批評批評者的文字是在把國之將亡推給「清流或輿論」。

周作人見了魯迅的評論後，在《桑下談序》一文中說：「三年前戲作打油詩有雲：『且到寒齋吃苦茶。』不知道為什麼緣故，批評家哄哄的嚷了大半年，大家承認我是飲茶戶，而苦茶是閒適的代表飲料。這其實也有我們的錯誤，詞意未免晦澀，有人說此種微詞已為之青年所不憭，而不作此等攻擊文字此外亦無可言云云，鄙人不但活該，亦正式受寵若驚也。」此文作於 1937 年 6 月 3 日。文中有魯迅評他的五十自壽的話，如「為今之青年所不憭」，「不作此等攻擊文字此外亦無可言」等，這證明在 1937 年 6 月 3 日他寫此文前，已見過魯迅評他的五十自壽詩的致曹聚仁信。魯迅所說的「攻擊文字」是指一些批評五十自壽詩文章，不是指五十自壽詩，周作人弄錯了，以為魯迅是指斥他，所以在此文中陰陽怪氣說自己「活該」、「受寵若驚」等譏諷之語。後來他弄明白了，才說魯迅評論自己的五十自壽詩是十分難得和可佩服的。

周作人說，他是在《魯迅書簡》發表後才知道魯迅對他的五十自壽詩的評價的。有人懷疑此說，認為在 1934 年或後來曹聚仁或楊霽仁有可能將魯迅來信內容透露給周作人，因為曹、楊二人與周作人關係不錯。筆者認為，這種可能並不存在。因為當時魯迅尚在世，曹、楊二人將魯迅來信內容透露給他人的做法會引起魯迅反感的，因為這都是私人信件，不大可能當時即向他人透露。再說，周作人如果當時或後來就知道魯迅的評價，他一定又會馬上搖筆為文說出自己的反應。周作人未這麼做，可見他當時或後來並不知情。我們應當相信周作人的話，他確是在看了《魯迅書簡》後才知道魯迅對他的五十自壽詩的評價的。

問題恰恰在這裡。《魯迅書簡》是由許廣平編輯，1937 年 6 月由三閒書屋影印出版的。此書收魯迅書信 69 封，為魯迅書信的最早的版本。而周作人的最早提及魯迅對其五十自壽詩的評價是《桑下談序》，前面說過，此文寫於 1937 年 6 月 3 日。如果《魯迅書簡》真的是在 1937 年 6 月印出並上市（不會剛好在 6 月 1 日或 2 日），周作人在 1937 年 6 月 3 日之前就見到了《魯迅書簡》這是不大可

能 。唯一的解釋是《魯迅書簡》在 1937 年 6 月之前，即 1937 年 5 月即已印好並上市。這樣，周作人才有可能在 1937 年 6 月 3 日之前見到。因為無論如何，就許廣平與周作人的關係而言，許廣平絕對不會把《魯迅書簡》版前的清樣送給周作人看的。如果這一推論成立，那麼我們可以說《魯迅書簡》至遲在 1937 年 5 月即已印成上市，然而這只是一個推論，《魯迅書簡》到底是 1937 年 6 月 3 日之前的哪一天印成並上市，這仍然是一個謎案。

一〇三、魯迅致周作人的 553 封信哪裡去了？

2005 年版《魯迅全集》僅收魯迅致周作人信 18 封，除 1 封 1919 年的，其餘均為 1921 年的信。可是魯迅致周作人信絕不只是這 18 封，也絕不是魯迅在 1921 年給二弟寫的信比別的年份多。

據《周作人日記》查，自 1898 年起至 1912 年 4 月止，魯迅致周作人信為 62 封，其中 1898 年 1 封，1899 年 8 封，1900 年 11 封，1901 年 8 封，1902 年 23 封，1903 年 7 封，1904 年 1 封，1905 年 3 封。據《魯迅日記》查，自 1912 年 5 月至 1923 年魯迅致周作人佚簡為 491 封，其中 1912 年 57 封，1913 年 81 封，1914 年 86 封，1915 年 100 封，1916 年 107 封，1917 年 24 封，1918 年 25 封，1919 年 10 封，1921 年 1 封，這就是說，目前有據可查的魯迅致周作人佚簡當為 553 封。這不是一個小數字。而這 553 封信也是一個最低的數字，實際魯迅致周作人佚簡要遠遠高於這個數字。這是因為《魯迅日記》中不乏失記的現象。如已發表的魯迅致周作人信其中的 210727 信、210825 信、210904 信、210904 信、210905 信均不見日記記載。而《周作人日記》在 1898 年至 1912 年 4 月間也多有殘缺，有的是因為懶或因為病而半年或一年不記的；有的是什麼「日記改革」，寫成了大事記，小事不記的。這樣說來，這 553 封魯迅致周作人佚簡當是十分保守的數字了。

然而，這些魯迅致周作人佚簡都那裡去了？早年書信，隨看隨扔，沒有保存，這是可能的，但 1912 年以後，特別是 1918 年魯迅成名後，說這些信都是隨看隨扔可能就未必了。因為周作人有一個十分好的收藏習慣，這些魯迅信他絕不會只收藏 1921 年的，其他年份的信他也會大多收藏。周作人還有一個不好的習慣，就是掩蓋與塗抹歷史的某些真實，他的日記不少被剪掉，被塗改的地方，而這些被剪掉、被塗改的地方，又不是當天剪下或塗改，而是日後發現此處所記不妥才剪下、塗改的。周作人想遮蓋，所以他交出的魯迅書信也是看發表了對自己是否不利，如果不利就不交出。所以這至少 553 封佚簡估計有一部分還在世上，就按 553 封算，這些信如果全發現，至少使《魯迅全集》還可再增加一大後冊。僅就此而言，這一損失是相當不小的。

我們說這些魯迅信還有大量留存，這也只是估計、推測，事實如何，實是不易一語說出真相。

一〇四、為什麼魯迅致三弟信沒有一封公諸於世？

魯迅的三弟原名周松壽，小名阿松，後名侃人，旋改建人，字喬峰，筆名有克士等。1888 年 11 月 12 日生於紹興。幼年時，先入三味書屋讀書，後從週五田之子周伯撝（名謙），周建人稱文為「謙叔」的族叔讀《鑒略》等。這個「謙叔」的妻子與魯瑞非常要好，將自己婆婆藍太太（朱氏）的侄孫女朱安介紹給魯瑞作為魯迅的妻子，釀成魯迅不幸的婚姻。新學興起後，周建人入會稽縣學堂。在這裡學了整整 10 年。16 歲時因考試遲到，未能升入紹興府中學堂。經人介紹任紹興僧立小學教師、校長。後又任紹興小學養成所、紹興明道女校教員。1919 年 31 歲時隨家遷居北京八道灣，初在北京大學旁聽。因無業，受盡羽太信子的歧視，經魯迅介紹入上海商務印書館工作。在「商務」一幹就是 23 個年頭，直至 1944 年底已 56 足歲離開「商務」。抗戰勝利後任生活書店、新知識書店、作家書屋編輯。1948 年 59 歲時離上海赴解放區。建國後先後任華北人民政府教育部教科書編審委員會副主任、中央人民政府出版總署副署長、浙江省人民政府副主席、省長、高等教育部副部長、民主促進會中央主席、全國政協副主席、全國人大常委會副委員長。1984 年 7 月 29 日因鼻癌醫治無效在北京逝世，終年 95 歲。在周氏三兄弟數他長壽，官也做得最高。

魯迅致三弟信，據《魯迅日記》查共 332 封，為數相當可觀。但 2005 年版《魯迅全集》和劉運峰先生編輯之《魯迅佚文全集》

無一封魯迅致三弟信。只在拙著《魯迅書信鉤沉》收有魯迅致三弟大意殘簡 3 則，它們分別是 1905 年 4 月信、5 月信、1908 年下半年或 1909 年上半年信。那麼，有據可查的魯迅致三弟信當為 335 封，而實際魯迅致三弟信當遠遠高於這個數字。

上述 3 則魯迅致三弟信大意殘簡均錄自周建人口述，周曄編寫的《魯迅故家的敗落》一書。這書是 1981 年動筆的，據此三信成文已 76 個年頭，自然與原文距離相當大，但大致意思是不會錯的，主要是魯迅告訴三弟應選擇一門學科學習、鑽研，如他自己喜歡生物學，就要專攻，也要學好一門外語。此三則殘簡的周建人回憶文本如下。

1904 年 4 月某日信：

> 弘文學院結業後，按規定，我應升入東京帝國大學工科所屬的採礦冶金科學習，但是，我決定改學醫學，因為……新的醫學對日本的維新有很大的助力。……希望 你能堅持自學，自學也可以學到東西的。……研究植物學，似乎更為方便，容易堅持下去，主要因為研究植物學，材料容易拿到手，動物則比較困難。至於其他學科，則要實驗室、解剖室；要各種儀器，更困難了。……如果願在植物方面自學，那麼，我將寄這方面的書去。……如果你對於植物學並沒有興趣，那麼，可以選擇別一門科學，需要看什麼書，我可以給你幫助。

1904 年 5 月某日信：

> 很高興，……你製作一個植物箱，用鐵皮做，……並有帶子，可以背在身上，這樣出外時，帶著植物箱，把看到的植物，采下來放進箱子裡，回家來再製成標本。另外再準備兩塊木

> 板，製成夾板，用著夾板來代替制標本時需用的壓榨器。……學外國文是極端需要的，無論社會科學還是自然科學，不懂外國文，就無法看外國書，單靠翻譯過來的書本，學不到更多的知識。

1908 年下半年或 1909 年上半年某日回信：

> 「《說文》一定要看。」（這句話比較短，估計去原文不遠）。

魯迅致自己的家人信，如致魯瑞、致周作人、致許廣平都有原信公之於世，唯獨魯迅致周建人信沒有一封公開發表，這是怎麼回事？據猜測，這有如下幾種可能：

一、周建人收到大哥信後，沒有保存，收藏的習慣，隨看隨扔。這些信大約是世上已不存，所以我們一封也看不到了。

二、由於周建人在解放前生活不安定，幾次搬家，這些信在遷居時遺失或失落了。當然這一點不能解釋這 332 封信何以全部未發表，絕不會這 332 封信全部遺失或失落了。

三、這些信有一些內容不便公開。但這也不能解釋為什麼這 332 封信一封也沒有公開發表。因為總不致這 332 封信全都講的是個人隱私的吧，把不含隱私內容的信公開發表出來，這是關愛魯迅文化遺產的重要之舉，可惜的是，連一些不涉什麼隱私內容的信也未公開，這是十分奇怪的。

四、周建人有遺囑，這些信全部不公諸於世。至於為什麼嗎，誰也說不清。

可以肯定，這 335 封信，其中較久遠的 3 封是不會找到的了，但 1912 年至 1936 年魯迅致三弟的 332 封信，估計大部分還被保存著，將來或許能有見天日的一天。這些信我們為什麼一封也見不到，到目前為止，還是一個令人費解之謎。這一謎案何時能解開，真是說不清。

一〇五、馬珏致魯迅信都哪裡去了？

馬珏是誰？馬珏，號仲珊，又作仲服。1910 年生，浙江鄞縣人，生於東京。我國著名文字學家馬幼漁的女兒。她 1926 年在北京孔德學校讀九年級時，一天放學回家，第一次見到了魯迅先生。原來馬幼漁與魯迅在日本留學時一起聽過章太炎講小學，同是章門弟子。後任北京大學教授，講文字學，又在女師大兼過課，先後曾任這兩所學校的國文系主任。而人同是章門弟子，現在又是同事，在女師大風潮中，馬幼漁與魯迅站在一起，支持學生的正義鬥爭，二人的友誼十分深厚。馬珏在見了魯迅之後不久，學校的國文老師出了一個作文題，名叫《印象記》，於是馬珏便寫了著名的回憶性散文《初次見魯迅先生》。作文受到老師好評並被發表在這一年三月出版的《孔德學校旬刊》上。這篇回憶性散文，在魯迅回憶錄之類的書籍中都可查到。馬珏在這篇文章中，用樸實、真切、極富個性特色的語言，用一個初中女生的眼光描寫了魯迅的相貌及言行。她說，魯迅並不漂亮，「穿一件灰青長衫，一雙破皮鞋，又老又呆板」。她原先想魯迅可能是個「小孩兒似的老頭兒，現在看了他竟是一個老頭似的老頭」。魯迅後來見過馬珏的這篇文章，並把它編入《魯迅著作及其他》一書中。馬珏於孔德學校畢業後，1927-1929 年春在中法大學伏爾德學院預科學習，1929 年春轉入北京大學預科，1931-1934 年是北京大學政治系學生。後在上海兒童圖書館工作。馬珏長得非常漂亮，當時有北京大學校花之稱，不少同學追求她。她有時給她的追求者以少見的尷尬。還是她爸爸開明，告訴她，追求她這是人間一種美好的感情，不同意相處也要以禮待人。馬玨在晚年明白了父親的勸告，她在文章裡表達了自己由於當時年輕不懂事給對方造成了不快或傷害的深深的歉意。

魯迅初見馬玨，印象十分好。據馬玨在《初次見魯迅先生》一文記載，魯迅曾問她：「你要看什麼書嗎？《桃色的雲》你看過沒有？這本書還不錯！」「現在外面不多了，恐怕沒處買。我那兒還有一本，你要，可以拿來。」這本《桃色的雲》是否後來送了馬玨，沒有見到記載，但從《魯迅日記》中我們可以知道，魯迅此後寄給馬玨書計 11 種，它們是《癡華鬘》、《唐宋傳奇集》、《思想・山水・人物》、《藝苑朝華》、《奔流》、《藝苑朝華》第 3 輯、第 4 輯，《美術史潮論》、《新俄畫選》、《勇敢的約翰》，還有一本，日記上只寫「書」字，未寫書名。此外，魯迅還給馬玨寄過一張照片（什麼照片不詳），還寄過一張海嬰照。馬玨說：「先生是有信必回，有問必答。」魯迅、馬玨間也有書信往還。據《魯迅日記》等可知，1928-1932 年間，魯迅寄馬玨信共 17 封，其中 1926 年 2 封（據馬玨回憶）、1928 年 28 封、1929 年 3 封、1932 年 4 封；馬玨回魯迅信自 1926 年起至 1932 年底共 28 封，其中，1926 年 1 封、1928 年 13 封、1929 年 5 封、1930 年 1 封、1931 年 1 封、1932 年 7 封。魯迅信、馬玨信，迄今為止，沒有一封公佈於世，僅在一篇回憶錄中寫及魯迅第一次致馬玨信，稱呼上寫了「臺鑒」或「妝次」，馬玨覆信不滿意這稱呼，後來魯迅寫信便稱其為「兄」，這回馬玨滿意了。這「妝次」（或「臺鑒」，但寫「妝次」可能性為大）和「兄」三個字便是我們今天所能見到的魯迅致馬玨信三個字；還有 1926 年魯迅致馬玨信的兩句話：「你自己想學什麼，先要跟我談談」，「女孩子學農的不多，你想學，我贊成」。雙方來往的信都哪裡去了？是燒掉了？為什麼燒掉？估計有如下幾種可能：

根據佛洛德學說，我們可做這樣一種猜測：馬玨是魯迅世界最漂亮的青年女性之一。魯迅是一個曠世奇才，雙方之間有一種潛意識的愛慕，所以在信中有一些不經意的流露，這樣，雙方的信便不好公佈出來了。筆者作這樣的推測，有一定的根據。一是《魯迅日記》1929 年 1 月 30 日記：「上午寄馬玨信並照相一枚，」這「照相」是什麼照相，是不是魯迅的單人半身照？這很有可能是的，作者不便明說。如是這樣的照相。事情就有點浪漫了。二是《魯迅日記》1932 年 5 月 13 日記：「以海嬰照相分寄母親、馬玨、秉中、常玉書。」受贈海嬰照的其他三人與魯迅關係十分密切，母親不用說，李秉中是魯迅的學生，常與魯迅通信並時有走動，常玉書即常瑞麟，是許廣平在河北第一女師的同學。馬玨名列母親之後，可見馬玨與魯迅的關係十分不一般。三是前面提到的馬玨不喜歡「妝次」而喜歡「兄」的稱呼，這讓我們想起魯迅第一封致許廣平信便是寫了「廣平兄」這一稱呼，雖然馬玨當時大約看不到《兩地書》，但事情有點相類。所不同的是許廣平力爭魯迅不要稱她為「兄」，而馬玨則力爭魯迅稱她為「兄」。四是魯迅、馬玨關係中斷是在 1933 年 3 月 13 日之後。這一天，魯迅收到馬幼漁寄來的馬玨結婚請柬，《魯迅日記》沒有寫魯迅是否出席婚禮或是否送了什麼禮物或禮金。沒有寫，大約是未出席婚禮也未送什麼禮。這一細節值得玩味。魯迅還對人說，馬玨結婚了，便不好再給她寄書了。果不其然，自此之後，雙方聯繫全部中斷。如果沒有那樣的潛意識，馬玨婚後也可以照樣寄信或寄書。忽然一切都中斷了，這是不是反證二人之間的關係有一點「說道」？當然，這裡說的只是一種潛意識，二人之間尚沒有建立那種明確的戀愛關係。著名魯迅研究專家蔡登山先生在他的《魯迅愛過的人》一書中便說：「魯迅是喜歡馬鈺的，由於她的外貌加上她的聰慧，但更多的是父執輩的關愛，而非男女之情。」這解釋很到位，那麼「更少的」是什麼？蔡先生沒有說，其實就是那種潛意識，還有就是這些信根本上只是一種禮尚往來。魯迅寄她書，她回信說收到了。信件內容如此而已，沒有什麼深意，魯迅來信也是告訴她寄了什麼書，她也就隨看隨扔，所以我們今天看不到一封他們彼此間的通信。還有一種可能就是由於時過境遷，時過情遷，馬玨覺得保存這些信已沒有什麼意義，於是將這 15 封魯迅來信燒掉或毀棄了。

近讀馬玨一文，說魯迅來信「在三十年代初白色恐怖中被燒毀了」。那麼馬玨來信呢？不知去向。這也是一個謎。

大校花馬鈺

一〇六、魯迅致韓侍桁信如今在何處？

韓侍桁是誰？

他是魯迅世界的重要成員。現代作家、文學翻譯家、教授。原名韓雲浦，筆名有侍桁、東聲、索夫等。1908 年 3 月 2 日生。北京人。1928 至 1929 年間在日本留學。1930 年加入「左聯」。1931 至 1932 年任中山大學教授。1934 年起任中山文化教育館特約編譯。1937 年後任中央社特派戰地記者和中央社總編室編審。1942 年任重慶文風書局總編輯。1944 年創辦國際文化服務社。1950 年任齊魯大學教授。後在上海編譯所，上海譯文出版社工作。主要著作有《文學評論集》、雜文集《小文章》、《參差集》、《淺見集》；譯著有《十九世紀文學主潮》、《紅字》、《卡斯特橋市長》、《婦女樂園》、《英雄國》等。韓侍桁自 1928 年 4 月與魯迅通信至 1929 年，據《魯迅日記》查，魯迅致韓侍桁信 1928 年為 11 封，1929 年為 23 封，共 34 封。這 34 封信均不存《魯迅全集》和《魯迅佚文全集》中。

蔣錫金先生在為拙著《魯迅書信鉤沉》寫的序引中，用了較多的筆墨，回憶了魯迅致韓侍桁信的下落。他說，1938 年夏他在武漢時曾與韓侍桁相識，二人同至一個夜花園冷飲。在交談中，蔣先生問韓侍桁魯迅給他的信是否還保存著，韓侍桁說：「信是很多，一封也未丟失，都十分珍重地保存著哩。」蔣先生說，許廣平現正徵求魯迅書簡，何不拿出來，假如想保存原件，讓許先生派人來攝影或抄寫也行。可韓侍桁聽後卻說：「這不能，我還想活幾年，」韓侍桁的回答讓蔣先生摸不著頭腦，心想，怎麼，魯迅信發表了會影響他生活下去嗎？於是問他，韓侍桁說：「魯迅是我最可尊敬的老師，自己有些雞毛蒜皮的小事和思想也往往寫信求教，得到的回信都是懇切誠摯，令人感動的；但後來漸漸以為已經成熟，就覺得老師也不免瑣細和偏執，有些話有點聽不進，就自行其是了。現在反省起來，還是老師對，可是自己回不到原路了。這些信我保存著，一定要我死後才發表；如果別人不理解我這心情，認為無甚關係而隨意發表了，我就活不下去了。」

後來蔣先生在上海霞飛坊見了許廣平，談及魯迅致韓侍桁信的命運，許廣平「有些生氣，斥他為『沒良心』」。接著許廣平說：「周先生寫信，一般都很簡短，所以都是用毛筆寫在買回來的木板浮水印得很精緻的信箋上的；信不長，兩三張也足夠了。可是有一個人例外，那就是韓侍桁，他來信提的問題多，周先生都仔細回答他，有時還查了書寫答案，所以是用鋼筆寫在洋紙上；給別人的信是豎寫的，給他的信是橫寫的，也便於寫洋文；別人的幾頁就夠了，而他的卻一寫許多頁，寄信都要贈加郵費。我曾這樣跟周先生開過玩笑，說：『這哪裡是寫信，趕得上寫情書的了！』周先生說：『年青人自以為是，想得簡單，找書也不容易，所以能幫助他解決的還是給他解決。』我看韓侍桁並不是什麼真誠的後悔，卻是害怕別人若是讀到周先生的那些去信，一定會洩漏他思想中的某些見不得人的東西！」許廣平的話大約是透露了韓侍桁遲遲不交出魯迅來信的真正原因。

後來，在出版 1981 年版《魯迅全集》時，蔣先生參加了《魯迅全集》的編輯，注釋工作。蔣先生把韓侍桁手頭有魯迅書信的情況反映給了人民文學出版社魯編室和北京魯迅博物館魯研室的領導，大約是問詢的結果，說「文革」時這些魯迅來信被紅衛兵給抄走了。「抄走」之後便無下文。

筆者猜測，這些信在「落實政策」時如果還存，應該返還韓侍桁。而近年仍未見一封魯迅致韓侍桁信公之於世，難道是這些信毀於紅衛兵之手或是被某一個紅衛兵以為信件珍貴而竊為己有？還是這些信已返還，直到現在韓侍桁家屬仍遵韓侍桁遺囑不公佈這些信或不想公佈這些信？抑或是這些信根本沒有被紅衛兵抄走，「抄走」云云只是一個托詞？這些信仍存於韓侍桁後人手中？到底是哪一種情況，殊難確定。估計，這些信應該還存於世。「文革」時紅衛兵也沒這個膽量敢於毀掉這些信。但這些信如今到底在哪裡，仍然是一個謎。

一〇七、牛蘭夫婦是怎樣離開南京監獄的？

1931 年 6 月 15 日，牛蘭夫婦在上海公共租界自己的寓所被英國巡捕拘捕。8 月 10 日被引渡到中國方面，14 日押解南京，後囚於南京、蘇州監獄。1932 年 7 月受審，牛蘭進行多次抗議。8 月中國政府以「危害民國罪」判處其死刑，後改判無期徒刑。這就是喧囂一時的所謂「牛蘭案」。

牛蘭（Nau Len，1894-1963）原名雅可夫・馬特耶維奇・魯尼格牛蘭是此人在中國從事間諜工作的化名，生於烏克蘭。前蘇聯特務組織「契卡」的工作人員。1927 年 11 月受「第三國際」派遣來中國，負責中國聯絡站工作，公開身份是紅色工會國際分支機構「泛太平洋產業同盟」上海辦事處秘書。因國際信使約瑟夫在新加坡被捕而受了牽連。

牛蘭被捕後，中國民權保障同盟發起營救活動。中國民權保障同盟是 1932 年 12 月 17 日在上海成立的。會長是宋慶齡，副會長是蔡元培，成員有楊銓（杏佛）、林語堂、王雲五、鄒韜奮、魯迅、周建人、茅盾、葉聖陶、郁達夫等共 31 人。宋慶齡於 1931 年 8 月 13 日自德國返回上海後，即收到蔡特金、柯勒惠支來電，希望她營救牛蘭夫婦。12 月 16 日宋慶齡見蔣介石，提出以牛蘭夫婦交換在蘇聯的蔣經國的建議，遭蔣介石拒絕。1932 年 7 月 10 日，柳亞子等 36 人致電國民黨政府司法院院長居覺生，要求釋放牛蘭夫婦，遭居覺生拒絕。因為營救牛蘭夫婦活動無果，魯迅在致柳亞子一信中說：「只好以一歎了之。」中國民權保障同盟成立後仍繼續營救牛蘭夫婦，直到 1933 年 6 月 18 日楊銓被刺身亡後才終止活動。中國民權保障同盟停止活動後，宋慶齡仍在繼續營救牛蘭夫婦。她在 1933 年 12 月 30 日、1934 年 1 月 13 日分別致電汪精衛、居覺生（居正）要求釋放牛蘭夫婦，均無結果。

後來牛蘭夫婦怎樣離開南京的，目前看仍是一個謎案。2005 年版《魯迅全集》注「牛蘭」云，是 1937 年 8 月日寇炮轟南京時，牛蘭夫婦趁混亂逃出監獄。而倪墨炎先生在《魯迅的社會活動》一書中稱，是當時國民政府悄悄將牛蘭夫婦釋放，因為蔣經國攜其俄籍夫人芬娜（一名芳娘、蔣方良）已於 1937 年 3 月從蘇聯歸國（其時蔣經國已是一名蘇共黨員）。這件事也許是當時中蘇兩國政府的默契而做出的一種友好姿態。牛蘭夫婦幾經輾轉、周折於 1939 年歸國。歸國後，牛蘭任蘇聯紅十字會對外聯絡部部長、大學教授等職，他的夫人達吉亞娜·瑪依仙柯（1891-1964）則從事語言研究和翻譯工作。

朱正先生在《如果允許說真話，就該說出真實的魯迅》一文（刊 2008 年第 4 期《魯迅研究月刊》）說：牛蘭是個被捕的外國間諜，中國民權保障同盟和魯迅等人為營救牛蘭而不遺餘力是不合適的，「絕對沒有什麼間諜權可以要求保護的。牛蘭是來顛覆中國政府的外國間諜。魯迅參加這樣一個組織，這恐怕不能算是他的光彩。」朱正先生的話是對的。

一〇八、魯迅《阻郁達夫移家杭州》的手跡哪裡去了？

1933 年 12 月 30 日魯迅為郁達夫的妻子王映霞書四幅一律:「午後為映霞書四幅一律云:『錢王登遐仍如在，伍相隨波不可尋。平楚日和憎健翮，小山香滿蔽高岑。墳壇冷落將軍岳，梅鶴淒涼處世林。何似舉家遊曠遠，風沙浩蕩足行吟。』」四幅魯迅詩手跡與前引之魯迅日記中所記有兩處文字不一樣:手跡「假」字，日記作「遐」;手跡「風波」二字，日記作「風沙」。此詩原來無題目。1934 年 7 月 20 日一個署名「高疆」的人在其《今人詩話》(刊第 8 期《人間世》)中首次披露了這首詩，並加上題目《阻郁達夫移家杭州》。這題目加的是不合詩的大意的。郁達夫移家杭州是 1933 年 4 月 25 日的事，這詩卻寫於 1933 年 12 月 30 日，郁達夫已經移家杭州八個月零五天了，魯迅還在阻其移家杭州，這不是很滑稽可笑的事情嗎？有人說，從詩的意思看，魯迅是勸其從杭州搬家，搬到離杭州越遠的地方越好，杭州不是郁達夫可待的地方。這一說法是對的。很顯然，高疆加的詩題加錯了。

這詩用白話翻譯過來是這樣的:五代時吳越國的暴君錢鏐雖然死了好久卻像他還在世一樣，楚國的伍子胥死後被扔到江中，他的屍身不知漂流到什麼地方。陽光照耀下的平林和那展翅而飛的鷹隼彼此互相憎恨，高高的山嶺也非常快意地擋住了小山上桂樹濃郁的花香。而湖旁邊的岳墳冷落得無人前來參拜，孤山的以梅為妻以鶴為子的林逋處士也感到世態是如此炎涼。你何不把家搬到離杭州十分曠遠的自由的樂土，那裡浩蕩的風波可以讓你愉快地行吟，放聲地歌唱。

王映霞關於這首詩的緣起，有一段十分珍貴的自述，她說：「1933 年 12 月 29 日下午，郁達夫和我一起去看魯迅時，我對魯迅說：『大先生，我們搬到杭州半年多了，你應該送一樣東西給我，留作紀念，最好是你自己的作品。』說完，我就拿出四張事先帶來的虎皮箋交給魯迅。當然我知道魯迅是會答應我的請求的，但我怕他忙，一時給忘了，所以特地把紙箋帶去，放在魯迅處，比較保險。果然，魯迅第二天就寫了上面提到的那首詩。後來是郁達夫去取回來的，先到上海河南路上的裱畫店裱好，又配上四屏條的鏡框帶到杭州，起先我把它掛在租屋的樓上客廳裡，等『風雨茅廬』落成，就掛在新居的客廳裡。抗日戰爭時期，它與郁達夫的兩萬餘冊藏書一起被日寇擄走，至今下落不明。」

人民文學出版社 2001 年 9 月版《魯迅詩集》刊印了這首詩的手跡，但細看便知道，這幅手跡不是魯迅贈王映霞的那「四幅一律」的手跡；從條幅看看不出四幅的痕跡，倒成了一個條幅；從文字看「假」仍為「遐」，「風波」仍為「風沙」，這明顯是從魯迅日記上移植來的手跡，絕不是當年魯迅為王映霞而寫的那「四幅一律」的手跡。事過七十多年我們迄今仍未發現這「四幅一律」的手跡。看來，這「四幅一律」的手跡確實是失蹤了。但這「四幅一律」的手跡哪裡去了呢？如是「被日寇擄走」，那麼這一手跡現在仍在日本嗎？這可真的又是一個謎了。

一〇九、周作人為什麼刪改魯迅《哀范君三章》後之「附書四行」？

1912 年 7 月 10 日，魯迅在紹興的摯友范愛農溺水而死。7 月 12 日，周作人將此事告訴了在北京的魯迅。魯迅是 7 月 19 日收到這封信的。得此噩耗後，魯迅十分悲痛，他在這一天的日記中寫道：「晨得二弟信，十二日紹興發，云范愛農以十日水死。悲夫悲夫，君子無終，越之不幸也，於是何幾仲輩為群大蠹。」7 月 22 日夜作《哀范君三章》。7 月 23 日，魯迅將此詩改定並抄於信中寄給周作人，要他將此詩轉給紹興《民興日報》。詩後有「附書四行」。詩並「附書四行」照抄如下：

哀范君三章

風雨飄搖日，余懷范愛農。
華顛萎寥落，白眼看雞蟲。
世味秋荼苦，人間直道窮。
奈何三月別，遽爾失畸躬。

其二

海草國門碧，多年老異鄉。
狐狸方去穴，桃偶已登場。
故里寒雲惡，炎天凜夜長。
獨沉清洌水，能否滌愁腸？

其三

把酒論當世，先生小酒人。
大圜猶酩酊，微醉自沉淪。
此別成終古，從茲絕緒言。
故人雲散盡，我亦等輕塵！

我於愛農之死，為之不怡累日，至今未能釋然。昨忽成詩三章，隨手寫之，而忽將雞蟲做入，真是奇絕妙絕，霹靂一聲，速死豸之大狼狽。今錄上，希大鑒定家鑒定，如不惡，乃可登諸《民興》也。天下雖未必仰望已久，然我亦豈能已於言乎？二十三日，樹又言。

周作人接此信後，即將信中之魯迅詩抄出交《民興日報》。

1912 年 8 月 21 日《民興日報》發表此詩。詩的署名初署魯迅原名，估計為「樹人」二字，後改為「黃棘」。「黃棘」是魯迅早年的筆名。

魯迅這三首詩，譯為白話，是這樣的：

哀范君三章

在哪風雨飄搖的日子
我深深懷念著范愛農。
他白髮寥落，翻著白眼
看著勢力小人一般的雞蟲。
人生的滋味比秋茶還苦，
在世上直來直往便會遭遇貧窮。
奈何啊，我們今年三月分手，
轉眼間竟失去了他，他是這樣與眾不同！

其二

國門旁邊的海草黃了又綠，
你多年在日本不想回歸家鄉。
你的故鄉狐狸剛剛離開洞穴，
桃木木偶又接著亮相登場。
那密佈的陰雲也顯得非常兇惡，
大熱天的漫漫長夜卻又十分寒涼。
你獨自一人沉到清澈寒冷的水裡，
那清冽的河水能否洗淨你的愁腸。

其三

飲酒時你評論當世，
你先生的酒量也是只有幾分。
整個大千世界都如此酩酊大醉，
你只是醉了一點卻在水中沉淪。
從此一別我們竟是永訣，
你要說的話怕是還沒有說盡。
我的朋友都已雲稇一般的散去，
我雖活著也就如同一粒小小的灰塵！

范愛農（1883-1912），只比魯迅小兩歲，名肇基，字斯年，號愛農，浙江紹興人。早期光復會會員，徐錫麟的學生。1905 年隨徐錫麟到日本留學。徐錫麟因槍殺安徽巡撫恩銘而被處死，范愛農也受到通緝。辛亥革命後，魯迅出任紹興山會初級師範學堂（後改名紹興師範學校）監督（校長），他被魯迅聘為監學（教導主任）。魯迅去職赴南京後，新任監督傅勵臣不信任他。1912 年 5 月 1 日，他因校內部分職員與廚房發生紛爭，說了句公道話，於是被何幾仲（山會師範職員）帶領幾個學生將他的行李扔出校門，他開始失業。不久，在《民興日報》供職，幫助看稿和寫社論等。在報社吃，但無工資。7 月 10 日這天，他與同事去小皋埠看戲，回來時已是夜半。他喝醉了，要到船邊小解。大家勸阻他，他不聽，這樣，他在船邊小解時就掉了下去，沒有再上來。魯迅說他是自殺，筆者認為應是不慎落水，因為這時他雖無工資，但仍有飯吃，不是走投無路，何必投水自殺？

魯迅《哀范君三章》初發表時，稿後本來沒有「附書四行」。這「附書四行」是魯迅給周作人信中的話，屬信中之「又及」、「又言」之類的部分。此信之前兩頁，被周作人弄失。此詩發表後，直至收入《集外集》（收的是詩的第 3 首），人們都不知道此詩之後還有「附書四行」。1938 年 5 月周作人在《宇宙風》上發表《關於范愛農》一文，首次披露了「附書四行」。但「速死豸之大狼狽矣」一句被用刪節號代替了。這就是「刪」。1938 年 6 月《魯迅全集》出版，《全集》中的《集外集拾遺》是許廣平編的，其中《哀詩三首（悼范愛農）》後有一《廣平謹案》，「案」中錄之「附書四行」與周作人披露之「附書四行」文本一樣。1954 年 4 月，周作人在《彷徨衍義》第四四《哀範君》一節文字中仍以……代替那被刪的一句話。

1956 年 10 月 10 日周作人在《文匯報》上發表《魯迅與范愛農》。此文又一次引述了「附書四行」，不同之處是將刪節號變成了「群小之大狼狽矣」。這便是「改」。上世紀 60 年代初周作人在《知堂回想錄》第 94 節《辛亥革命之三——范愛農》所錄之本亦是此「改」本。1958 年版《魯迅全集》《哀范君三章》中之「題解」亦採用此「改」之文本。

1956 年 8 月 9 日周作人托其長子周豐一將有「附書四行」之《哀范君三章》原件一紙捐贈給北京魯迅博物館，原件「群小」處赫然是「速死豸」（即快死的無足之蟲）三字。當時北京魯迅博物館將此件封存庫中。1976 年 8 月文物出版社修訂《魯迅詩稿》時將「附書四行」原件首次發表。至此，「附書四行」的真面目才第一次與讀者見面。

現在的問題是，周作人為什麼當時要一刪二改「附書四行」文本？之後為什麼又把「附書四行」的原件捐出，暴露了自己一刪二改「附書四行」的真相？這後一個問題好解釋，那時他已經 71 歲，一時疏忽了；前一個問題卻很不好解釋的。有人說是周作人怕人問「速死豸」指誰，他說不清，道不白，怕露醜，所以才一刪二改。這種解釋難以令人信服。不知道就是不知道，這有什麼好遮掩的；況且就當時講，周作人是知道「速死豸」所指何人，不過就是傅勵臣、何幾仲，有什麼不好解釋的。那麼，周作人為什麼要刪與改「速死豸」一語，這可真是一個謎案。人們說不清了。怕開罪於後來之傅勵臣、何幾仲嗎？1938 年時，無論傅勵臣和何幾仲都已不在人世。前者是 1918 年過世的，後者是 1937 年過世的，根本不存在得罪什麼人的問題。這前一個問題，怕是要成為一個永久的懸念了。

一一〇、《「禹域多飛將」》真跡緣何流失日本？

魯迅舊體詩《「禹域多飛將」》是贈給當時的青年記者黃萍蓀的。1933 年 6 月 28 日《魯迅日記》記云：「下午為萍蓀書一幅云：『禹域多飛將，蝸廬剩逸民。夜遊潭底影，玄酒頌皇仁。』」

黃萍蓀（1908-1993），杭州人。青年時，先在浙江省圖書館工作，不久任浙江省教育廳《浙江青年》助理編輯。後又任陳果夫為董事長，時為國民黨中央宣傳部部長邵力子為常務董事的《東南日報》和國民通訊社記者兼《中央日報》、中央通訊社駐杭州特派記者。1935 年冬為《越風》主編。抗戰期間為新陣地圖書社經理兼主編、浙江省政府參議、第三戰區司令長官政治部上校設計委員、《陣中日報》社社長。後又出任福建省政府秘書、專員、參議、福建省教育廳宣傳處處長。1948 年在上海任上海版《東南日報》記者、中央通訊社駐滬特派員，並創辦子曰出版社，印《子曰》叢刊。1954 年 6 月以「歷史反革命罪」被捕，判刑 9 年，刑滿後在安徽勞改農場就業。1982 年撤案平反後回杭州定居。

據黃萍蓀在《「禹域多飛將」落戶扶桑之謎》（刊《魯迅研究資料》第 18 輯）云，黃萍蓀與魯迅並不相識，但他與郁達夫是好朋友。他慕魯迅之名，托郁達夫求魯迅為其寫一字幅。郁達夫當面求魯迅時，魯迅盤問黃萍蓀為何人，郁達夫說是《東南日報》青年記者。魯迅知道《東南日報》有 CC 系和國民黨浙江省黨部的政治背景，為刺國民黨的時政，所以寫了這一字幅。當郁達夫將魯迅寫好的這一字幅交黃萍蓀時，郁達夫曾告訴黃萍蓀這一字幅最好不要張掛，以免給自己招禍；黃萍蓀的表伯兼蒙師，著名學者錢學森之父錢家治也勸黃萍蓀不要張掛。但黃萍蓀還是壯著膽子，硬著頭皮將這一字幅裱好後張掛在自己的居室。

《東南日報》社社長胡建中想辦一個不論時政，專談文史的雜誌《越風》，請黃萍蓀任主編。1935 年冬，《越風》半月刊在杭州面世。1936 年 10 月 19 日魯迅逝世，黃萍蓀出於攀附驥尾，借魯迅以揚名的私心，決定將魯迅贈他的這一字幅刊登在《越風》封面上。此事他曾和胡建中商量過，胡建中同意他的想法，但黃萍蓀只是說刊登魯迅的手跡，並未說明這一手跡是《「禹域多飛將」》的字幅。不料，魯迅手跡在 1936 年 10 月 31 日出版的第 1 卷第 21 期《越風》封面上刊出後，他惹下了大禍。國民黨浙江省黨部認為魯迅這首舊詩是諷刺「黨國」的，他們開了黨部的「常委會」，決定令黃萍蓀引咎辭去《東南日報》和《中央日報》駐杭特派記者職務，《越風》仍由黃萍蓀主編，但「黨部」不再給以津貼補助。黃萍蓀終於因為魯迅這首詩的公開發佈而遭了當頭一棒。

黃萍蓀是一個非常喜愛名人墨寶的人，也有點收藏。他收藏有吳昌碩的花卉畫，王一亭的山水畫等。1938 年夏，日寇進犯杭州。在撤離杭州之前，黃萍蓀將他的收藏，其中便有魯迅的這一墨寶藏在自己曾為躲避空襲而臨時構築的地下室中，在地下室上方還壘起一個雙眼灶，自以為這樣萬無一失，非常保險。他還花錢請了一對老夫婦為他守候。想不到日寇佔領杭州的第二天，黃萍蓀的地下室所藏便被兩個鬼子兵發現，兩個鬼子兵要搜查地下室，那一對老年夫婦不讓他們搜，兩個鬼子兵竟活活把兩個老人亂刀砍死。發現收藏後，兩個鬼子兵為搶魯迅的這一墨寶，其中一個鬼子兵將另一個鬼子兵殺死，獨得墨寶而去。古代有「二桃殺三士」之說，如今魯迅一首詩竟讓三個人丟了命，「一詩死三人」堪稱「二桃殺三士」的現代版了。

事情的蹊蹺是在這裡。1956 年許廣平赴日本訪問。8 月 30 日早晨，日本反原子彈、氫彈大會事務總長安井郁來旅館見許廣平，求她鑒定一幀字幅的真偽。他出示的正是這一幅《「禹域多飛將」》真跡。許廣平看了驚喜萬分，說這是魯迅的真跡。可是人們要問，由一個鬼子兵搶去的魯迅《「禹域多飛將」》真跡怎麼會落到了安井郁之手？據許廣平在《魯迅在日本》中說：是「這人又因敬佩安井郁先生為和平事業奮鬥精神，就拿來轉贈給他了」。「這人」又是怎樣得到魯迅的這一手跡的？莫非「這人」就是那個殺死了一雙老年夫婦又殺了「同類」的那個鬼子兵？或是由那個搶去了魯迅真跡的鬼子兵將這幅真跡最後帶回了日本又轉贈或幾經轉折給了「這人」，「這人」轉贈安井郁的？黃萍蓀先生為解開著一奇怪的謎案，曾托紹興魯迅紀念館致函中日友好協會轉日中友好協會，求她們一問安井郁「這人」的真相，可是不出一個月資訊回饋回來了，說安井郁早已故去。「這人」是誰？他與那個鬼子兵是何關係？這個謎案大約短時期內難以解開了。安井郁見許廣平時並未將這幅《「禹域多飛將」》真跡獻出來，而是表示要留下這幅真跡「做為安井家的傳家之寶」。如此說來，魯迅這幅真跡大約如今仍在他曾留過學的鄰國扶桑？這幅真跡，這幅被搶去的真跡，難道不應該回歸故里嗎？物歸原主，這總該是一個合情合理的期盼吧？我們等待著。

一一一、魯迅、周恩來是叔侄關係嗎？

魯迅姓周、周恩來也姓周，二人難道有什麼宗親關係嗎？答案是肯定的。

1938 年 10 月武漢各界舉行魯迅逝世二周年紀念活動，周恩來在紀念大會上發表演說，他在演說中首次說到他與魯迅是叔侄關係。周恩來說：「在血緣上我也許是魯迅先生的本家，因為都是出身於浙江紹興城的周家。」1952 年的一天，許廣平到周恩來的家中做客，周恩來對許廣平說：「廣平同志，排起輩分來，我應該叫你嬸母哩。」1969 年 4 月，在「九大」期間，周恩來專程去北京飯店拜訪周建人，對周建人說：「建老，我已查過哉，你是紹興周氏二十世孫，我是紹興周氏二十一世孫，你是我的長輩，我要叫你叔叔啄。」原來紹興有不少周氏族人的分支。周恩來一支屬周氏住在後馬地方的一支，叫「後馬周」，也叫「保佑橋周氏」，以其祖居在保佑橋而得名；魯迅一支稱「魚化橋周氏」，以其宗祠在魚化橋而得名。

現在經吳長華、王錫榮、裘士雄諸先生整理的周恩來世系表是清楚、完整的、從表上可看出魯迅、周恩來有共同的祖先。請看以下周恩來一家單支傳承世系：

周敦頤（一世）——周燾（二世）——周絪（三世）——周靖（四世）——周亥（五世）——周謹（六世）——周恪（七世）——周文鬱（八世）——周茂林（九世）——周澳（十

世）——周完一（十一世；周恩來家族始相）——周文惠（十二世）——周茂（十三世；老八房始相，一世）——周萬（十四世；二世）——周壽（十五世；三世）——周慶（十六世；四世）——周叔莊（十七世；五世）——周宗（十八世；六世）——周富（十九世；七世）——周順（二十世；八世）——周錤（二十一世；九世）——周廷孝（二十二世；十世）——周懋章（二十三世；十一世）——周世洪（二十四世；十二世）——周熙祚（二十五世；十三世）——周步超（二十六世；十四世）——周應麟（二十七世；十五）——周文灝——（二十八世；十六世）——周元棠（二十九世；十七世）——周光勳（三十世；十八世）——周駿龍（三十一世；十九世）——周貽能（三十二世；二十世）——周恩來（三十三世；二十一世）。

從這一傳承世系我們可以看出，自周敦頤（一世）至周澳（十世）是魯迅、周恩來的共同祖先。自十一世開始便分支了。魯迅家族始祖叫周德，周恩來家族的始祖叫周完一。原來周澳與原配胡氏生一子叫周德，不久胡氏病故，周澳續娶俞氏，俞氏生三子：完一、完二、完三。魯迅家族始祖周德與周恩來家族始祖周完一是同父異母的親兄弟。（見本書《魯迅家族世系之謎》）這可證明魯迅、周恩來確是宗親。

周恩來說他與魯迅是叔侄關係，然而周恩來沒有說出所據。現在由於魯迅家族世系在周希賢後、周逸齋前有斷缺，而這斷缺從傳承世系上看是六代人，即第十三世到第十八世。可是魯迅世系表與周恩來世系表是根據周恩來所說他是二十一世，魯迅是二十世往上推排的，推排的結果是周逸齋為十九世（相當於周恩來世系的七世，與周富同輩），這樣周逸齋是不是十九世或七世就成問題了。如果周逸齋不是十九世（無任何材料可證明周逸齋與周富為同輩），那麼自周希賢後至周逸齋前說缺斷的就不一定是六代，如果不是缺斷六代，魯迅便不一定是周恩來世系的二十世，周恩來所說的魯迅與他是叔侄關係便有了疑問。現在魯迅世系斷缺部分無法補上，所說叔侄關係就缺乏力證，所以魯迅、周恩來是不是叔侄關係便成了一個不解之謎了。

一一二、周作人是國民黨員嗎？

王錫榮先生在他的《周作人生平疑案》一書第 140 頁引用了周作人在《知堂回想錄・元旦的刺客》一文的一段話：「日本憲兵在這案件上對於被害者從頭就取一種很有惡意的態度。一日下午我剛從醫院裡回來，就有兩個憲兵來傳我到憲兵隊問話，這就是設在漢花園的北京大學第一院的。當時在地下室的一間屋裡，仔細盤問了兩個鐘頭，以為可能國民黨認為黨員動搖，因而下手也未可知。以後一個月裡總要來訪問一兩次，說是聯絡，後來有一次大言治安良好，種種暗殺案件悉已破獲，我便笑問，那麼我的這一件呢？他急應道，也快了。但自此以後，便不再來訪問了。」

這裡，周作人明顯是說，日本人認為可能是國民黨認為她的黨員動搖，所以國民黨採取了暗殺周作人的辦法，置他於死地。我們從此處的行文看，周作人彷彿是說自己是，日本人也認為他是國民黨員的。國民黨所以暗殺他（國民黨軍統週邊組織抗日鋤奸團派李如鵬、趙爾仁、范旭三人於 1939 年元旦利殺周作人未成，只是周宅車夫傷重而亡）是他們認為自己的黨員動搖了。但周作人到底是不是國民黨員呢？此前確實未曾聽人談起過。筆者就此問題致函王錫榮先生，承他於 2006 年 6 月 14 日覆信，他在信中就此事說：「關於周作人是否國民黨員，我這裡沒有查到證據，來證明其為國民黨員。但彼既如此說，意思即為彼是黨員，我們沒有正（此字看不清，似為「正」——引者），不好輕易否定。」

這樣，問題就出來了。周作人雖未明確說自己是國民黨員，但他的上一段話行文明顯含有這個意思：他是國民黨員。然而除了他的自述，現在也確實找不到任何證據或別人的證詞來證明他是國民黨員，周作人的話便成了孤證。我們現在的確很難確說，周作人是國民黨黨員還是不是國民黨黨員。這個謎，只好等待有關史料的再發現了。

一一三、郭沫若說過《阿 Q 正傳》是抄襲之作的話嗎？

1939 年底，一個叫李直的人寫了一篇文章，名叫《魯迅的評價》，文章刊於這一年 12 月號與翌年 1 月號合刊的北平出版的《改造》雜誌上。

李直在此文中提起，郭沫若曾說過《阿 Q 正傳》是抄襲文作的話，他說：「就連《阿 Q 正傳》一樣是缺少文藝上的價值，更可惜的是這篇《阿 Q 正傳》還完全是抄襲來的，記得在魯迅死後，那一群所謂『前進』分子藉著捧『文學之父』而宣傳主義的時候，郭沫若在東京給《東聲》雜誌寫了一篇文章（題目忘掉），大意是說，在他提倡革命文學時，魯迅痛罵過他，後來魯迅又作他的舊生意，一躍而為青年領袖，左翼作家統帥，郭沫若表示以前並未讀魯迅的文章，於是他也在魯迅蓋棺以後去看《阿 Q 正傳》，沒想到這篇『正傳』是完全脫胎於法國的一篇小說。（這篇文章可去翻翻《東聲》雜誌）文人相輕，自是常態，不過我怕是『阿 Q』被搬到國外去以後，會叫人恥笑中國。」

李直說，郭沫若此文是刊在日本的《東聲》雜誌上，文章叫什麼名字他也忘記了，刊在《東聲》哪一年哪一期上，他也含糊其辭，而且引文又是李直復述的大意，不是郭沫若的原文。這就讓人產生疑問了。郭沫若真的寫過一篇文章說魯迅的《阿 Q 正傳》是抄襲之作嗎？《東聲》雜誌我們查不到，李直也未提供此文的刊期，也未說是抄了法國哪一位作家的什麼小說，在未查到郭沫若發表在《東聲》雜誌上此文之前，在未查到被「侵權」的那篇法國小說之前，我們只能說，郭沫若說沒說過《阿 Q 正傳》是抄襲之作的話還是一個謎，還是一個懸案。肯定或否定李直的話都是輕率和不負責任的，也是完全缺乏說服力的。

而且，這個「李直」是誰，七十多年過去了，仍是一個謎。魯迅世界之謎真的是太多了，難以一時說盡。僅此一點也是令人唏噓不止。

一一四、魯迅在北京的日記怎麼到了上海的？

魯迅自 1912 年 5 月 5 日到北京當天即開始重寫日記，直寫至逝世前一天，即 1936 年 10 月 18 日。許廣平 1941 年 12 月 15 日被日本憲兵逮捕，直至 1942 年 3 月 1 日釋放。這一期間，全部《魯迅日記》被抄走，待發還時發現缺了 1922 年的日記。這一冊日記至今未被發現。1922 年的日記被抄沒後丟失，這說明，魯迅在北京的日記在魯迅定居上海期間已全部移至上海。

但是魯迅在北京的日記是何時和怎樣移至上海的呢？這是一個謎案。蔣錫金先生在 1981 年 3 月 3 日致欽鴻信中說及：「你說有人說《日記》是保存在北京寓所的，那是什麼時候取回上海的呢？我也不知道，未聞許先生談起過。」（欽鴻《深情回憶錫金先生》，見 2005 年冬《上海魯迅研究》）筆者也未見別人提及過這件事。這是十分奇怪的。據推測，可能是魯迅於 1929 年和 1932 年兩次回京探視母病返回上海時順便帶回的吧。這種可能性較大。因為畢竟這不足 14 個年頭的日記（1912 年 5 月至 1925 年底）印入《魯迅全集》中還不足一冊《魯迅全集》那麼厚，魯迅一個人是可以拿得動的。然而這只是一種推測、猜想，無任何實證。所以魯迅在北京寫的日記是何時和怎麼到了上海的，仍然是一個尚未解開的小小的謎案。

一一五、魯迅 1922 年日記哪裡去了？

現存的《魯迅日記》全收在《魯迅全集》中。這一日記始於 1912 年 5 月 5 日終於 1936 年 10 月 18 日，記了差不多 25 個年頭。魯迅日記一開始時用天干地支紀年排列，從《壬子日記》（1912 年）至《已未日記》（1919 年）差不多是 8 個春秋；從 1920 年起用數碼排列先後，1920 年日記為《日記第九》，直至 1936 年為《日記二十五》。細心的讀者在翻檢魯迅日記時會發現，這裡缺《日記十一》，即 1922 年的日記，《魯迅全集》在日記最末附有《一九二二年日記斷片》，這是魯迅好友許壽裳先生在魯迅逝世後不久從《日記十一》中抄錄的與許壽裳先生有關的文字，共 47 條，約為《日記十一》的十分之一。那麼，魯迅 1922 年的日記為什麼缺失？這要從許廣平抄錄《魯迅日記》的事情說起。

魯迅逝世後，許廣平為了保存魯迅的遺物，特別是魯迅的文物，特意將魯迅日記原本存到英商麥加利銀行的保險庫中，以防意外。過了一段時間，有人建議許廣平將全部魯迅日記抄一個副本，如果發生什麼意外，還可以保存魯迅日記的全貌。許廣平接受了這一建議，於是從麥加利銀行的保險庫中提取了全部魯迅日記，在霞飛坊 64 號的家中抄寫。這樣，問題就發生了。

1941 年 12 月 8 日日本向英、美等國不宣而戰，日本兵開始進入英、美、法等國租界。這一年的 12 月 15 日清晨，在北四川路的日本憲兵隊總部派軍曹佐佐木德正率領一些日本憲兵敲開許廣平的家門，開始搜捕行動。臨走時，不但帶走許廣平，還拿走了全部魯迅日記、一些書籍和印章等等，共兩大包。許廣平在日本憲兵隊被押 76 天，受盡了種種非人的折磨。審訊她的人有奧谷曹長及佐佐木德正等。後在我地下黨員袁殊的營救下，經內山完造保釋，許廣平在 1942 年 3 月 1 日（正當元宵節）下午 3 時許被釋放。被搜走的物品當發還時，魯迅日記便少了 1922 年的一本，於是魯迅 1922 年日記從此便下落不明。後來出的《魯迅日記》和《魯迅全集》這一年的魯迅日記只好付諸厥如了。

魯迅 1922 年日記即《日記十一》自 1942 年 3 月 1 日之後發現未被日本憲兵歸還，直至 70 多年後的今天，它的下落仍然是一個謎。1922 年的魯迅日記肯定是在許廣平被捕後，日本憲兵隊為了從這一年的日記中尋找有關線索，被審訊許廣平的日本憲兵隊頭頭拿去「研究」了。「研究」之後，這本日記便存於日本憲兵隊總部，發還魯迅被搜走的物品，這一本日記自然不在其中。那麼，這本魯迅日記於今可還在世上嗎？答案大約是否定的。它的最大可能是，後來仍存於日本憲兵隊總部，很長時間，無人過問。日本投降後，日本憲兵隊於逃跑時燒毀或遺棄了這一本日記。當然這只是一個推測。魯迅 1922 年日記於今在世與否是一個很大的謎案，若干年後恐怕亦無人破解。

一一六、魯迅《「以夷制夷」》、《言論自由的界限》原稿為何到了「海燕女士」之手？

1994 年春天，中國嘉德國際拍賣公司為其 1994 年秋季拍賣會舉辦了一個展示會，展示會在上海國際貴都大飯店舉行。這個展示會的展示目錄中有兩件是魯迅先生的原稿：《「以夷制夷」》和《言論自由的界限》。據展示會接待人員拓曉堂先生介紹，這兩件魯迅雜文手稿係私人收藏，拍賣底價為 7.5 至 8.5 萬元。當時上海魯迅紀念館的有關同志看了這一展示會，注意到了這兩份手稿。經過鑒別，他們認為是真品，於是回來與領導商議，因為館裡資金匱乏，無力購買，此事便作罷。後來拍賣會於 1994 年秋季如期在北京舉行不久即有消息傳出，此兩件手稿已被人以下 7.15 萬元買走。這時上海魯迅紀念館的同仁們坐不住了，立刻向上級反映此事。經過上級瞭解，這兩件手稿是被新加坡實業家佘奕村先生買走的。於是上海文物管理部門做了工作，後來佘奕村先生決定把自己買來的這兩份魯迅手稿捐給上海魯迅紀念館。捐贈儀式 1995 年 4 月 7 日上午在貴都大飯店舉行，出席捐贈儀式的除有關領導外，還有嘉德拍賣公司總經理陳東升和捐獻者佘奕村先生。上海魯迅紀念館的王錫榮先生代表上海魯迅紀念館也出席了捐贈儀式並接受了奕村先生的兩份捐品。這兩份手稿共 5 頁，前者 3 頁，後者 2 頁。終於一頁不缺地回到了它的故里。

據王錫榮先生說，這兩份手稿並不是有生以來第一次亮相。早在 1946 年 11 月，上海的《文潮》月刊 2 卷 1 期便刊印了這兩份手稿。刊印時編者還說明，這兩份原稿是「海燕女士」的藏品。魯迅這兩篇文章是 1933 年 4 月 17 日同一天寫的，刊在同月 21 和 22 日的上海《申報》《自由談》副刊。這兩篇文章的手稿應當是存於《申報》館內的，但這兩份手稿怎麼會到了「海燕女士」之手？「海燕女士」又是誰？她是《申報》館的同仁嗎？這些都不得而知。嘉德國際拍賣公司說這兩份手稿是「私人收藏」。這個「私人」又是誰呢？是 1946 年時的「海燕女士」，還是不是？這些也都不得而知。迄今為此，我們也不知道這「海燕女士」和這位「私人」他們是一個人還是兩個人，她（他）們是什麼關係，她（他）們是怎樣得到這兩份手稿的。不過我們相信，這個謎或許有一天會能夠解開，因為這個拍賣公司的相關人員尚在，或許有一天這個謎底會大白於天下。

一一七、周揚為什麼改動中共中央、蘇維埃中央政府致許廣平的唁電？

魯迅逝世後的第 3 天，即 1936 年 10 月 22 日，當時已在陝北的中共中央和蘇維埃中央政府致電許廣平，對魯迅先生的病逝表示震驚和哀悼，電文如下：

上海文化界救國聯合會轉

許廣平女士鑒：

魯迅先生逝世，噩耗傳來，全國震悼。本黨與蘇維埃政府及全蘇區人民，尤為我中華民族失去最偉大的文學家，熱忱追求光明的導師，獻身於抗日救國的非凡領袖，共產主義蘇維埃運動之親愛的戰友，而同聲哀悼。謹以至誠電唁，深信全國人民及優秀文學家必能賡續魯迅先生之事業，與一切侵略者，壓迫勢力作殊死的鬥爭，以達到中華民族及其被壓迫的階級之民族和社會的徹底解放。

肅此電達

中國共產黨中央委員會蘇維埃中央政府

十月二十二日

1951 年上海魯迅紀念館剛成立時，為了展示的需要，曾將這份電文報請中央審查。周揚在審查後對這一電文做了三處重要改動：一是刪掉了原電文中的「本黨與蘇維埃政府及全蘇區人民」一句；

二是刪掉「共產主義」之後「蘇維埃」三個字；三是在落款處刪掉了「蘇維埃中央政府」字樣。當時周揚在上海呈報的這份唁電的打字件下半頁寫下了下面的話：

夏衍同志：

此件，我改了一些個別字句。署名可考慮只用中共中央。或改稱「中國共產黨中央委員會和當時革命根據地工農民主政府於某年某月給……以弔唁電，電文如下：」我意以第二個辦法為好。

請你考慮，並即告上海。

周揚

八，二十四

當時中共中央、蘇維埃中央政府致許廣平悼魯迅逝世的唁電是一個歷史文獻，周揚這樣任意改動歷史文獻，改動歷史是很不妥當，很不應該的。歷史不容改動，要讓歷史褒有她原有的風貌，這是一個道義的問題。雖然後來周揚因為這一改動被加上了莫須有的罪名，受到不應有的批判與關押，我們現在也不能說周揚這一改動是正確的行為。

周揚對這一電文為什麼要做這三處改動，這的確是一個謎。一字不改，以原來的風貌展出不是很好嗎，有什麼必要改動呢？莫非周揚以為「蘇維埃中央政府」「和」蘇區「蘇維埃」等稱呼在紅軍長征到達陝北以後已經不用？可是那份電文正是紅軍到達陝北以後一年多發出的，這表明這一政府和這一稱呼當時並未廢止，廢止是以後的事：蘇維埃中央政府改稱陝甘寧特區政府，蘇區稱為邊區已在抗戰以後了。周揚是否對這段歷史不熟，因為周揚是 1937 年 9 月去延安的，他沒有參加當時的蘇維埃運動。這當然是一個猜測，周揚不會不熟悉那一段歷史，有可能是回憶攪線了吧。還有可能是周揚覺得這一稱呼不合法？這就有點立場問題之嫌了。但這也是一個猜測，沒有任何實證。周揚對這一電文的三處改動，直至現在仍無法給以合理的解釋。周揚已過世，大約今後也沒有人會說清楚這個問題。

一一八、高長虹死於 1954 年春季的哪一天？

魯迅世界有四大狂人，這就是《狂人日記》中「狂人」的原型、魯迅的姨表弟阮久蓀，《白光》中陳士成的原型、魯迅的十九叔祖周子京，創造社小夥計敬隱漁，狂飆社掌門人高長虹。

高長虹（1898-1954），現代作家、詩人。原名高仰愈，筆名有殘紅、C・CH 等，生於山西省盂縣一個書香之家。9 歲在家鄉上小學。1915 年在太原一所中學讀書。1924 年夏在太原發起狂飆運動，與高沐鴻、籍雨農、蔭雨、段復生、二弟高歌等人成立「平民藝術團」，辦《狂飆》月刊。不久，高長虹到北京，一開始想出國深造，後與孫伏園相識。他又找到父親的好友景梅九，時景梅九在北京辦《國風日報》的《學匯》專刊，他便在這裡做校對工作以糊口，同時辦《狂飆》週刊，隨《國風日報》發行。1924 年 12 月 10 日高長虹去魯迅寓所拜見魯迅，二人從此相識。1925 年初，《狂飆》週刊停刊，高長虹參加了以魯迅為首的莽原社，與魯迅、荊有麟一起編《莽原》週刊。此時魯迅與高長虹關係是好的。高長虹去魯迅寓所不下百回。魯迅曾為高長虹的散文集《心的探險》選篇目、校隊文字、設計封面，並將此書編入魯迅主編的《烏合叢書》中，魯迅為校他的這一本書還累得吐了血。編《莽原》和為《莽原》寫稿都是義務性的，魯迅為照顧高長虹的生活，特地吩咐出版者每月破例給他 10 元酬金。魯迅還資助過高長虹紙費。所有這一切表明魯迅對高長虹真是情真意切，像關懷自己孩子一樣關懷他。

可是不久，二人關係有了悄悄的變化。1925 年 8 月 4 日，《民報》在《京報》、《晨報》刊登發刊廣告，內稱「特邀思想界之權威者魯迅……諸先生隨時為副刊撰著」的話。這就是著名的「廣告事件」。「廣告事件」使高長虹與魯迅的關係轉入危機。高長虹在與魯迅的一次閒談中，魯迅對他說過：「就說權威者一語，在外國其實是很平常的，」高長虹便以為魯迅是接受了「思想界之權威者」這一桂冠，心中生了反感。他後來在文章中說：「於是『思想界之權威者』的大廣告便在民報上登出來了。我看了直覺『瘟臭』，痛惋而且嘔吐。」《民報》廣告使高長虹對魯迅有了芥蒂，高、魯關係危機開始進入了潛伏期。1926 年夏，原為狂飆社成員的尚鉞有一短篇小說集《斧背》原交魯迅主編的《烏合叢書》出版，不知因為什麼，尚鉞托高歌將《斧背》原稿從魯迅那裡要回，交另一家出版社出版，這引起魯迅的不快。事後尚鉞還寫信向魯迅解釋，魯迅未覆信。這就是所謂的「《斧背》事件」。「《斧背》事件」是高、魯關係危機潛伏時期的重要事件。此時魯迅是忍了，未使衝突表面化。

不久，《莽原》改為半月刊，魯迅南下，此刊交韋素園主編。韋素園扣發了狂飆社也是莽原社成員向培良的劇本《冬天》和高歌的小說《剃刀》。這就是高、魯關係史上有名的「退稿事件」。這一事件引起了高長虹的不滿，高長虹便於 1926 年 10 月在上海複出的《狂飆》週刊第 2 期發表了致韋素園和魯迅的兩封公開信，從而使高、魯衝突公開化、表面化了。此後高長虹便一發而不可收，先後寫了《1925，北京出版界形勢指掌圖》、《思想上的新青年時期》、《〈吳歌甲集〉及其他》、《時代的命運》、《嗚呼，〈現代評論〉化的〈莽原〉半月刊的灰色的態度！》、《自畫自贊，自廣告》、《我走出了化石的世界，待我吹送寫溫熱進來》、《魯迅夢為皇太子》、《所謂自由批評家啟事》、《人類的脊背》、《疑威將軍其亦魯迅乎》、《魯迅挑戰》、《戲答》、《〈墳〉的作者還沒有死嗎》、《戰士霜淇淋》、《留別魯迅》、《所謂（文藝生活）》等，對魯迅進行了攻擊、嘲諷以至辱罵。他在文章中稱魯迅是「事故老人」，頭上戴了許多紙糊的假冠；說魯迅想做思想界的權威；說自己的作品是世界的，魯迅為他編《心的探險》一些好作品給刪掉了，魯迅缺乏美的鑒賞力；說魯迅是「黑暗」，是代表舊時代反擊新時代的人；說魯迅是「皇太子」，是「狺狺然『狗』也」；稱魯迅主編的《莽原》是灰色的，魯迅是無賴的文人，連戰士也不是；稱魯迅是「蠍子撩尾」，是「疑威將軍」；說魯迅只是一條普通的狗連做狗的首領都不配。與此同時他又發表詩作《給——》，稱自己是太陽，魯迅是黑夜，許廣平是月亮，暗示自己對許廣平有了相思情，魯迅能與許廣平結合是自己讓的結果，「月兒我交給他了，/我交給夜去消受。」「月兒我交給他了，/帶她向夜歸去。」（《給——》）他在另一篇文章中也說：「我對魯迅先生曾獻過最大的讓步，不只是思想上，而且是生活上，但這對於他才終於沒有益處，這倒是我最大的遺憾呢。」魯迅對高長虹的「月亮詩」（即《給——》）和所謂「讓步說」十分震怒，他於是對高長虹的攻擊與侮辱不再沉默，開始義正詞嚴地反擊了。這樣，高、魯衝突已到了令國人震驚的白熱化的程度。

1926 年 12 月 10 日魯迅在《莽原》第 23 期上發表文章《所謂「思想界先驅者魯迅」啟事》，此文同時刊於《論語》、《北新》、《新女性》、打響了魯迅反擊高長虹的第一槍。魯迅在此文說：狂飆社賜我以紙糊的假冠「思想界先驅者」，自己愧不敢當，也不感到高興。為使他人免於受愚，特此聲明，此一假冠與前此他人贈的兩頂假冠均與自己無關。接著魯迅寫了《（阿 Q 正傳）的成因》、《〈走到出版界〉的「戰略」》、《新的世故》、小說《奔月》、《新時代的放債法》、《弔與賀》、《夜記之五》、《搗鬼心傳》、散文《憶韋素園君》、散文《女吊》等，對高長虹的攻擊與侮辱予以全面回擊。魯迅在文章中寫到高長虹言論的自相矛盾處說明這些攻擊與辱罵多麼荒唐可笑。高長虹對「思想界之權威」反感得欲嘔吐，可他卻送了魯迅另一頂紙冠：「思想界的先驅」，你看高長虹自己打了自己的嘴巴！魯迅又用高長虹所謂對自己生活上的讓步之說，指出你有現在的愛人，「那自然也是他賞賜你的」，說高長虹到自己寓所不下百來回原來是為了「月亮」，為了許廣平，讓高長虹對許廣平的單相思暴露於天下，這讓高長虹十分狼狽與尷尬。魯迅還在其他方面對高長虹進行了有力的駁斥。雙方的筆戰從 1926 年 10 月開始，一直到高長虹 1929 年初出國前為止，進行了二年又三個月。這一筆戰，高長虹最後是徹底失敗了。這失敗的標誌便是 1927 年 1 月底上海版《狂飆》的停刊；高長虹在文章中為自己辯解，說他之攻擊魯迅是為了互通資訊，「魯迅是我的朋友，昔日是，今日是，明日仍是」；在另一文章他宣佈，因文壇易惹是非，從此棄文去研究經濟。可魯迅仍不依不饒，自 1929 年 5 月到 1936 年 9 月仍發表文章時不時對高長虹發致命的點射。但此時高長虹已出國，他大約看不到魯迅的這些文章了。

應當實事求是地說，這一場筆戰絕不是什麼理論上的論爭。高長虹只是給魯迅下了一些貶損性的結論，戴了一些侮辱性的帽子，魯迅也只是一個一個地往下摘這些帽子，只是一種辯誣。魯迅自然是正義的，在污辱與潮罵面前不作聲，畏首畏尾這不是魯迅的性格，雖然對手是與許廣平一樣的熱血青年。但高長虹對魯迅的一些貶損、侮辱性的話語也讓我們深思：他的那些反魯言論是一個精神正常的人說的話嗎？我們在這些話語中間徜徉，只能發現他的自相矛盾（如反對魯迅的「思想界之權威」，卻稱魯迅是「思想之先驅」；

而他自己又想代替魯迅來領導思想革命，他自己想做「思想界之權威」與「思想界之先驅」等）、錯亂（如說魯迅不配做狗的首領，但魯迅又確實當過高長虹的首領，高長虹豈不是把自己置於「狗」的位置上了嗎），喪失理智（如說魯迅是一隻普通的狗）和氣急敗壞（如說自己攻擊魯迅只是為了互通資訊），表現了他的阿 Q 式的自我解嘲或解圍，失敗也不以為汗顏、無地自容等。過去有人說高長虹的反魯是一種誤會，有人說是高長虹的性格偏執導致了這一衝突的發生，還有人稱高長虹的這些反魯言論是他的反權威的個性主義與無政府主義思想的反映。現在看來，高長虹的反魯言論則是一種精神不正常或者說是精神病潛伏期表現出來的症狀，是一種准瘋話或者就是瘋言瘋語。任何一個正常的、理智的青年，特別是與魯迅有那麼多接觸和美好回憶的青年，是不會如此無禮和恣意放肆的。魯迅沒有意識到高長虹攻擊自己的話語是一種精神病的發作，魯迅的反擊，客觀上加重了高長虹的病情。當然，魯迅是沒有責任的，因為他沒有想到這一層（八十多年來，我們也沒有想到這一層），雖然他在反擊高長虹的文章中也說過高長虹是「魯迅狂」，涉及了一個「狂」字，但可以肯定這個「狂」字只是一個比喻，絕不是說高長虹得了精神病。同樣高長虹的反魯話語是一種病態表現，他也不能和不應付這些話語負責。精神病患者犯法都不追究法律責任，何況他只是說了幾句反魯迅的話，還要負什麼責任嗎？至於因為這些反魯話語，高長虹的兒子竟因此被打成右派，如此奇怪的株連，在中國現當代冤案史上大約也是找不出第二個實例吧。

1929 年初高長虹赴日本研究經濟，1931 年轉赴歐洲又去研究德國法西斯主義。據說這時他參加了法國共產黨。抗戰爆發時他經義大利流落香港，由潘漢年幫助來到武漢後又去重慶為報刊寫稿。1941 年春他由重慶去延安。1946 年 9 月由延安來到東北。他這時的精神病症狀開始趨於明顯，病情加重了。他在重慶時，一次見了孔祥熙的兒子孔令嘉，動員孔家出資開礦，發展戰時經濟。他懷疑並怪罪二弟高歌慫恿三弟高遠征參加八一南昌起義，結果三弟在突圍中犧牲，在重慶時與高歌同處一城卻一面也不見。還有一次異想天開，要動員文藝工作者湊錢買三十架飛機支援抗戰。他初到延安時，不是去找朋友，而是在延安大街上露宿兩個晚上，最後是潘漢年在街上碰見他，才將他安置了住處。他在延安被選為中國文藝協會籌委會副主任，他拒絕了這一職銜。延安召開文藝座談會，他接到了毛澤東、凱豐聯合簽名的請柬，但他拒絕參加這一會議。他在延安沒有什麼具體工作，每天只是寫稿，投給《解放日報》，但很少刊出，他仍然寫。他整天關在窯洞裡，有時到荒野揀些骨頭回來要送農民做肥料。他的住處髒亂不堪，還有一種難聞的氣味，這也符合精神病人的居室特點。延安大搞「搶救運動」，他住的窯洞較高，常聽到他下面的窯洞被捕青年男女慘絕人寰的叫喊聲，他對這一運動不滿，不僅向中央提意見，據說還曾寫信到史達林那裡去告狀。高長虹在延安寫了一本書，名叫《什麼是德國法西斯蒂》要求出版，有關方面以此書與史達林觀點不合拒絕出版，他寫了一封信交給黨中央提出要和史達林辯論。抗戰勝利後，中央要派一些幹部到各解放區工作，毛澤東找高長虹談話，問他要去那一個解放區，高長虹卻說：「要求到美國去研究經濟。」毛澤東聽了拍桌子大怒，立刻把他逐出門外。後來據說這次談話內容，還向黨內高級幹部傳達過。到東北解放區途徑山西盂縣，本來離家很近，可以去看一看分別了 20 多年的妻子與兒子，可他卻大禹一般過家門而不入，對妻子和兒子沒有什麼親情，這也是精神病患者的一個通症。到東北，他說要去開金礦，為發展經濟出力。這種種言行十分清楚地表明高長虹已是患了精神病，他已經瘋了。

高長虹到東北後怎麼樣？據舒群先生回憶，中共中央東北局由瀋陽遷到哈爾濱，舒群把高長虹安排在東北局宣傳部的後院，給他添置了衣服被褥，每月還多發給他一些津貼，叫他在幹部食堂用餐。他用餐時常是「目不斜視，一聲不吭」，給他的津貼，他去街上買了不少詞典回來，他說要編一部最新最好的詞典。東北解放後他隨東北局進了瀋陽，住進瀋陽的東北旅社。關於高長虹之死，一些說法較為混亂。舒群說，聽說高長虹於 1948 年死於撫順精神病醫院。師陀先生說，他於 1956 年受中國作家協會指派，與孔羅蓀、汪金丁一起赴遼寧作協（一說赴長春市作協）檢查工作，在飯廳見過高長虹，那時高長虹頭髮全白，彎腰駝背，像一個白髮蒼蒼的老太太，只是他們未與高長虹說話。張恒壽先生說，1949 年他還收到過高長虹的一封來信。詩人侯唯動說，1952 或是 1953 年他在東北旅社還與高長虹談過話。女作家草明說，她於 1957 年「反右」前還見過高長虹。

2006 年第 2 期《魯迅研究月刊》發表了前東北旅社三名服務員崔運清、閻振琦、李慶祥合寫的文章《高長虹是病逝在東北旅社的》，對上述一些說法予以澄清。他們三個人在東北旅社時不但見過高長虹，而且還為高長虹發放過日用品。他們說，高長虹住在東北旅社 2 樓 250 號房間。房間約 20 米，有兩張單人床，一個寫字桌、椅子、木圓茶几、二把半圓沙發，一個約 5 平米的衛生間，黃色油漆地板，6 扇窗子。室內十分明亮。高長虹是供給制的縣團級待遇。閻振琦負責每月給他發飯票，三餐打飯，保管津貼費和買東西等。1954 年春天的一個早上，二樓服務員發現高長虹住室的房門未開。大約 9 時許，房門仍未開。閻振琦便跳至三樓外雨搭上向高長虹的室內張望，發現高長虹躺在床邊的地板上，於是想法打開他住室的房門，發現高長虹已經死亡。閻振琦立刻向東北局組織部打電話報告。組織部派來兩名醫生，一名護士檢查，證明高長虹死於腦溢血。閻振琦帶領運輸班工人為高長虹買了黃花松木棺材，又買了一套中山裝，一頂前進帽，布底鞋和襪子以及蒙面用的兩尺白布，綁在四肢上的紅頭繩，做了一塊寫有「高長虹之墓」的墓牌，將他安葬在瀋陽塔灣墓地。原來不清楚高長虹何時和怎麼死的，現在大致弄清楚了，這一謎案已基本解開。

但是高長虹之死仍有懸念。崔運清等三人的文章只是說，高長虹死於「1954 年春季的一天早上」，到底死於 1954 年春季的哪一天，他們已失憶了。這仍是一個謎。這個謎，看來很難解開了。

一一九、沈鵬年為什麼編造「毛魯會見」的史料？

上一世紀八十年代，我國魯研界發生了一場有關毛澤東是否見過魯迅的論爭。爭論雙方一是電影《魯迅傳》資料組組長兼顧問團秘書沈鵬年，沈鵬年的好友宋濤和為賀樹夫人張瓊整理資料的鍾向東；另一方是著名魯迅研究家陳漱渝和黨史研究家唐天然等。

沈鵬年認為毛澤東與魯迅見過面，而且不止一次。他先後三次談了這個問題，一是在 1982 年第 1 期《《書林》上發表《周作人生前回憶實錄：毛澤東到八道灣會見魯迅》，二是在 1983 年 10 月 23 日《團結報》上發表《再談毛澤東會見魯迅——記張瓊同志的兩次談話》，三是在 1983 年第 2 期《臨沂師專學報》上發表《三談毛澤東會見魯迅——記賀樹同志 1946 年的談話》。1985 年初，沈鵬年又向上海電影製片廠黨委遞交了兩份材料：《毛澤東與（魯迅傳）演員的談話——1961 年 5 月 1 日接見趙丹的談話記要》和《周總理有關（魯迅傳）的幾點指示——1960 年 4 月 3 日於中南海紫光閣》。這兩份材料，特別是第一份材料，毛澤東親口說他見過魯迅。其第二份材料，周恩來也說：「毛主席很早便和魯迅接觸。」

陳漱渝、唐天然、強英良等著文反駁，他們認為，所謂毛澤東見過魯迅是一種編造的謊話。陳漱渝說，1920 年 4 月 7 日毛澤東到八道灣周宅要見的是周作人不是魯迅，因為當時周作人提倡新村主義，毛澤東對這個問題感興趣，所以去拜見周作人。沈鵬年記錄的周作人關於毛澤東這次見了魯迅的話是不可信的。（這一天魯迅日記記：「午後會議」整個午後魯迅均在教育部開會，他不能見著毛澤東；（如果魯迅在家倒有這種可能——筆者）。在第二次論爭中，沈鵬年承認張瓊的談話有八處失誤，這就基本否定了張瓊關於毛澤東見過魯迅的談話。第三次論爭，沈鵬年主要據賀樹的談話，說在北大圖書館、北大遊藝會和八道灣毛澤東三次見過魯迅。陳漱渝用大量的證據指出了所謂毛魯三次會見的諸多破綻。關於毛澤東自己說的「魯迅在北京時，我是見過的，有過一些交往」，一些參加此次會見的其他人也說對毛澤東的這一句話沒有印象。對周恩來說的「毛主席很早便和魯迅接觸」一句，據參加這次會見的張瑞芳、陳鯉庭、柯靈、鄭君裡、白楊等也說這次會見周恩來沒有講過毛澤東見過魯迅的話。最後是騙局被拆穿，這場爭論暫告平息。這就是關於「毛魯會見」論爭的大致經過。

三十多年過去了。直至現在，人們不禁要問：沈鵬年是一個中共黨員，在文化界有一定的地位，當年他已六十多歲，他為什麼要編造毛澤東見過魯迅的神話？這真的是一個謎。為了出名嗎？是的，經過這場論爭，沈鵬年的知名度大大提高，目的是達到了，可他與此同時卻丟掉了信譽，又被上影廠黨委給予他不予黨員登記的處理，這種得不償失的做法划得來嗎？而且他無中生有編造領袖的談話，這在政治上是一個嚴重的問題，他做為一個資深的電影界人士連這一點都不懂得嗎？

沈鵬年在 2005 年出版的《紹興魯迅研究》上發表一文《魯迅會見休士及其被誣事件》。寫此文時，沈鵬年先生已經八十多歲了，如今他又來談魯迅見過休士。這篇文章與他以前寫的關於「毛魯會見」的文章有很多相似之處：同是談名人之會見，而且他說，上一世紀六十年代，他將訪問四百多人，記錄下來的百餘萬字的材料《訪談記錄》油印了五冊。難道這五冊油印本《訪談記錄》都是騙局嗎？

令人百思不得其解。況且他八十餘高齡寫的這篇文章還是很有說服力的。沈鵬年十多年前是在騙人嗎？這也是一個謎案。

一二〇、魯迅致黃萍蓀信原件為何到了徐稷香之手？

1996 年 10 月出版的《上海魯迅研究》第 7 輯刊登了一篇文章《八旬老人的心願——徐稷香先生捐獻文物記》，作者是秦海琦。這篇文章說，原上海古籍出版社副編審，八十歲高齡的徐稷香先生於 1996 年 3 月向上海魯迅紀念館捐獻各種文物九件。這九件文物中有一件便是十分珍貴的魯迅致黃萍蓀信原件。

魯迅致黃萍蓀信僅此一封，即《魯迅全集》中的 360210 信，此信自然是寫於 1936 年 2 月 10 日，信的原文如下：

> 萍蓀先生：
>
> 三蒙惠書，謹悉種種。但僕為六七年前以自由大同盟關係，有浙江黨部率先呈請通緝之人，會稽乃報仇雪恥之鄉，身為越人，未忘斯義，肯在此輩治下，騰其口說哉。奉報先生殷殷之誼，當俟異日耳。
>
> 專此布復，即請
>
> 撰安
>
> 魯迅頓首二月十日

這封信的原件一直保存在收信人黃萍蓀那裡。1948 年他發表《魯迅與「浙江黨部之一重公案》時首次向外界公開了這一封信並製版刊發了這一封信的原件。這說明，直到 1948 年 6 月此信原件還在黃萍蓀手上，可是事隔 48 年，這封信原件居然由徐稷香先生而不是有黃萍蓀先生家屬獻給上海魯迅紀念館，這是怎麼回事？秦海琦先生在文中說：「據徐稷香先生回憶，這兩封魯迅親筆信（另一封是魯迅 1934 年 7 月 31 日致陶亢德信——引者注）是在『文節』以前收集到的（但具體時間記不清了）。」徐稷香先生並未說是怎樣收集到的，是在黃萍蓀先生被捕後此件被充公而落到徐稷香先生之手，是徐稷香先生從廢品收購站購來的，還是黃萍蓀先生或其家屬求他代為保存的。解放後，黃萍蓀曾因「反革命案」於 1954 年 6 月被捕，1982 年撤案平反，在獄中和安徽勞改農場待了二十八年。黃萍蓀先生於 1993 年 9 月 1 日因腦梗塞逝世。這一封魯迅致黃萍蓀信原件是如何落到徐稷香先生之手的，個中詳情，無法猜透。這也可算是一個不大不小的謎案吧。

讀歷史 51　PC0386

120 個魯迅身世之謎

作　　者 / 吳作橋、王羽
主　　編 / 蔡登山
責任編輯 / 黃大奎
圖文排版 / 楊家齊
封面設計 / 秦禎翊

發 行 人 / 宋政坤
法律顧問 / 毛國樑　律師
出版發行 / 秀威資訊科技股份有限公司
114 臺北市內湖區瑞光路 76 巷 65 號 1 樓
電話：+886-2-2796-3638　傳真：+886-2-2796-1377
http://www.showwe.com.tw
劃撥帳號 / 19563868　戶名：秀威資訊科技股份有限公司
讀者服務信箱：service@showwe.com.tw
展售門市 / 國家書店（松江門市）
104 臺北市中山區松江路 209 號 1 樓
電話：+886-2-2518-0207　傳真：+886-2-2518-0778
網路訂購 / 秀威網路書店：http://www.bodbooks.com.tw
國家網路書店：http://www.govbooks.com.tw

2014 年 6 月　BOD 一版
定價：370 元

國家圖書館出版品預行編目

120 個魯迅身世之謎 / 吳作橋, 王羽著. -- 一版. -- 臺北市 : 秀威資訊科技, 2014.06
面 ; 公分. -- (讀歷史 ; 51)
BOD 版
ISBN 978-986-326-249-7 (平裝)

1. 周樹人 2. 傳記

782.884 103006556

讀者回函卡

感謝您購買本書，為提升服務品質，請填妥以下資料，將讀者回函卡直接寄回或傳真本公司，收到您的寶貴意見後，我們會收藏記錄及檢討，謝謝！

如您需要了解本公司最新出版書目、購書優惠或企劃活動，歡迎您上網查詢或下載相關資料：http:// www.showwe.com.tw

您購買的書名：________________________________

出生日期：________年________月________日

學歷：□高中（含）以下　□大專　□研究所（含）以上

職業：□製造業　□金融業　□資訊業　□軍警　□傳播業　□自由業

□服務業　□公務員　□教職　□學生　□家管　□其它_____

購書地點：□網路書店　□實體書店　□書展　□郵購　□贈閱　□其他

您從何得知本書的消息？

□網路書店　□實體書店　□網路搜尋　□電子報　□書訊　□雜誌

□傳播媒體　□親友推薦　□網站推薦　□部落格　□其他__________

您對本書的評價：（請填代號　1.非常滿意　2.滿意　3.尚可　4.再改進）

封面設計____　版面編排____　內容____　文／譯筆____　價格____

讀完書後您覺得：

□很有收穫　□有收穫　□收穫不多　□沒收穫

對我們的建議：________________________________

____

____

____

請貼
郵票

11466
台北市內湖區瑞光路 76 巷 65 號 1 樓
秀威資訊科技股份有限公司　　收
BOD 數位出版事業部

....

（請沿線對折寄回，謝謝！）

姓　　名：________________　年齡：________　性別：□女　□男

郵遞區號：□□□□□

地　　址：____

聯絡電話：(日) ____________________ (夜) ____________________

E-mail：____